Hans Conrad Zander

Napoleon in der Badewanne

VW

Hans Conrad Zander

Napoleon in der Badewanne

Das Beste aus Zanders
Großer Universal-Geschichte

Walter-Verlag
Olten und Freiburg im Breisgau

3. Auflage 1977

Gesamtherstellung in den Werkstätten
des Walter-Verlags
Printed in Switzerland

ISBN 3-530-98000-5

Inhalt

1. Stück
Napoleon in der Badewanne 7

2. Stück
Kaspar Hauser nachts im Park 15

3. Stück
Alexandre Dumas und die Kameliendame 23

4. Stück
Die Tränen der Kaiserin Joséphine 31

5. Stück
Turnvater Jahn als Verfassungsfeind 37

6. Stück
Sarah Bernhardt als Erzengel Raffael 45

7. Stück
König Heinrich und die Füße der Maria Medici 54

8. Stück
Aufstieg und Fall eines Berner Artilleristen 64

9. Stück
Filippo Neri und das Wort zum Sonntag 70

10. Stück
Die Stunde, in der Neapel den Mund hielt 78

11. Stück
Ludwig XIV. in Behandlung 83

12. Stück
Wie Molière eines unerwartet natürlichen Todes starb 92

13. Stück
Antonius in der Wüste 99

14. Stück
Die Nerven der heiligen Theresia 109

15. Stück
Ludwig der Vielgeliebte 117

16. Stück
Der Brief an Monsieur Godtheit 125

17. Stück
Gottfried Keller als Gründer einer kriminellen Vereinigung 133

18. Stück
Das gestörte Konzert zu Versailles 142

19. Stück
Die literarische Revolution von Stäfa 148

20. Stück
Francis Drake hinter einem Kaktus in Panama 153

1. Stück

Napoleon in der Badewanne

Worin wir lernen,
wie man energisch regiert

Napoleon auf der Flucht vor Moskau, Napoleon bei Waterloo, Napoleon auf Sankt Helena – wir kennen viele heikle Augenblicke aus dem Leben des Kaisers. Sein Kammerdiener Constant freilich vertritt die Ansicht, daß es noch einen viel heikleren Augenblick im Leben Seiner Majestät gab. Und dieser schwierige Augenblick wiederholte sich fast täglich: Das war Napoleon frühmorgens in der Badewanne.

Die besondere Schwierigkeit des kaiserlichen Morgenbades, so berichtet Constant in seinen Memoiren, rührt daher, daß Napoleon an seiner Schlafmütze hängt wie ein kleiner Junge an seinem Teddybären. Infolgedessen behält er die Schlafmütze bis nach dem Frühstück an, das heißt, er trägt sie auch in der Badewanne.

Das wäre alles kein Problem, wenn Napoleon einigermaßen ruhig in der Badewanne säße. Aber nervös, wie er nun einmal ist, rutscht er ständig in der Wanne hin und her, so daß das Wasser nach allen Seiten überschwappt und sich das Badezimmer schon nach fünf Minuten in eine einzige Pfütze verwandelt. Mitten in

der Pfütze steht sein Kammerdiener, reglos wie ein Denkmal, denn er weiß: Die eigentliche Katastrophe kommt erst noch.
Napoleon liebt es nämlich auch, von Zeit zu Zeit unterzutauchen und «gluggluggluggl» zu machen. Dabei wird natürlich die geliebte Schlafmütze pudelnaß. Constant weiß es aus tausendfacher Erfahrung: Wenn Seine Majestät prustend wieder aus dem Wasser auftaucht, findet der erste kaiserliche Zornesausbruch des Tages statt.
Für diese Situation ist der Kammerdiener bestens gewappnet: Überm Arm trägt er, ähnlich wie ein Kellner seine Servietten, ein halbes Dutzend trockene Ersatz-Schlafmützen. In ein paar Sekunden wird er die nächste brauchen, denn der Kaiser ist schon wieder untergetaucht.
So geht es – gluggluggglugg – eine halbe Stunde weiter, der Vorrat an Ersatz-Schlafmützen ist schon aufgebraucht, da hat endlich jemand die gute Idee, diskret an die Badezimmertür zu doppeln: Verschiedene hohe Staatsbeamte, schon seit dreiviertel Stunden ins kaiserliche Kabinett bestellt, lassen anfragen, ob sie im Badezimmer vortragen sollen.
Nun ist es an sich gar keine schlechte Idee, ein Weltreich von der Badewanne aus zu regieren. Auch Churchill pflegte nicht vor elf Uhr aufzustehen, und er hat auch in den schwersten Stunden des Jahres 1940 alle wichtigen Entscheidungen der Kriegsführung vom

Bett aus gefällt. Bei Napoleon hat das Regieren in der Badewanne aber einen Nachteil: Immer wieder reißt er dem vortragenden Sekretär das Papier aus der Hand, liest es selber kurz durch und wirft es dann einfach weg, mitten in irgendeine Pfütze: Kammerdiener Constant ist für eine ganze Weile damit beschäftigt, hochwichtige Staatspapiere vor dem völligen Zerfließen zu retten.

Es ist jetzt etwa acht Uhr. Napoleon hat bereits jene Stimmungslage erreicht, die er den ganzen Tag beibehalten wird. Sie wird von den meisten Historikern als «ernst» bezeichnet. Wer das glaubt, ist selber schuld. Denn nicht nur die meisten Journalisten, sondern auch die meisten Historiker sind Schönfärber. Die Schönfärberei besteht in diesem Falle darin, von einem Kaiser zu sagen, er sei «ernst», wenn man von einem gewöhnlichen Menschen einfach sagen würde, er sei miserabler Laune.

Vor lauter Ärger schafft es der Kaiser jetzt aber, aus der Badewanne zu steigen. Es beginnt die komplizierteste Prozedur des Tages: Seine Majestät wird rasiert. Oder besser: nur in den ersten Jahren wird er von Constant rasiert, später legt er, aus lauter Angst vor einem heimtückischen Attentat, Wert darauf, selbst Hand an sich zu legen. Leider entspricht es seinem Temperament, daß er, wie Constant berichtet, nicht nur den Spiegel, sondern auch die Fensterscheiben mit Seife vollspritzt. Resultat: Seine Majestät sieht

nichts mehr, schon fängt die kaiserliche Wange an zu bluten.
Um das zu verhindern, hat nach einer Weile ein Diener die Aufgabe, den Spiegel in variabler Position zu halten, während ihn ein zweiter laufend von der herumspritzenden Seife reinigt.
Herein tritt jetzt Professor Corvisart, der kaiserliche Leibarzt. Er ist einer der ganz wenigen Menschen, mit denen sich Napoleon perfekt versteht. Er hat ihn auf einer Party kennengelernt, wo er ihm die Frage stellte, was er denn als Arzt von den Ärzten halte. «Absolut nichts», antwortete Corvisart, «ich würde selber niemals die Dummheit begehen, mich einem Arzt auszuliefern.» – «Monsieur», antwortete Napoleon, «Sie sind von dieser Stunde an mein Leibarzt.»
Das ausgezeichnete Verhältnis zwischen den beiden Männern beruht wahrscheinlich darauf, daß Corvisart als einziger mit Napoleon umgeht wie mit irgendeinem andern Menschen. Er bringt ihm zum Beispiel jeden Morgen eine Kollektion Pillen. Jede Pille hat eine andere Farbe, und jede ist für ein ganz bestimmtes Wehwehchen des Kaisers bestimmt. Gemeinsam ist allen Pillen nur eines: Sie bestehen aus nichts als getrocknetem und geknetetem Brot.
An einem ganz bestimmten Morgen freilich geht Professor Corvisart etwas zu weit. Der Kaiser klagt wieder einmal über seine regelmäßig wiederkehrenden Bandscheibenbeschwerden. Corvisart, der das schon

lange nicht mehr hören kann, sagt trocken: «Majestät, lassen Sie die Hosen runter!» Napoleon erbleicht. Der Arzt bleibt ungerührt: «Majestät, lassen Sie die Hosen runter!» Napoleon läßt die Hosen runter. Blitzschnell holt der Arzt mit der rechten Hand aus und versetzt dem Kaiser einen knallenden Hieb auf den nackten Hintern.

Die Dienerschar steht wie aus Stein gehauen. Und auch Napoleon erstarrt vor Verblüffung. Dann dreht er sich, macht eine Rumpfbeuge. Gratulierend streckt er dem Arzt die rechte Hand hin: Der Bandscheibenschaden ist weg. Für ein paar Wochen jedenfalls. Durch den Schock haben sich die verkrampften Muskeln im Kreuz gelöst. Mit einem Schlag.

Nehmen wir an, daß Napoleon inzwischen seine Hosen wieder anhat und daß Kammerdiener Constant ihm auch alle jene andern Kleidungsstücke übergestülpt hat, die so schwer aus dem Französischen zu übersetzen sind. Zum Schluß steckt er dem Kaiser einen ganzen Tabakbeutel voll Süßholz zu. Denn mangels Kaugummi wird der Herr der Welt den ganzen Tag Süßholz lutschen.

Um neun folgen die «Grandes Entrées» mit den Würdenträgern des Reiches, eine schlechte Imitation der Aufsteh-Zeremonien mit Ludwig XIV. Um halb zehn schlingt Napoleon rasch-rasch an einem kleinen Tischchen ein Frühstück herunter. Dann hat er das Bedürfnis, sich die Füße etwas zu vertreten.

Der Kaiser schlendert durch seinen Palast. Das ist jedesmal eine menschliche Katastrophe. Es stimmt ja nicht, daß Napoleon ein angenehmer und geistreicher Gesprächspartner gewesen sei. Zwar konnte er sehr geistreich und schlagfertig *werden,* aber erst am Ende einer sehr langen Diskussion. Wo immer er Leute nur kurz anspricht, ist er entsetzlich taktlos.
Da trifft er zum Beispiel auf dem Korridor eine Dame, deren Namen der zeitgenössische Geschichtsschreiber barmherzigerweise mit drei Sternchen übergeht. «Wer sind denn Sie?» fragt Napoleon. Die Dame macht einen Knicks und nennt ihren Namen. «Ach was!» sagt Napoleon, «man hatte mir doch gesagt, Sie seien hübsch.»
Einen Korridor weiter begegnet er dem achtundsechzigjährigen Konsul Lebrun. Das ist einer der ganz wenigen Höflinge, die Napoleon gelegentlich widersprechen. Offensichtlich widerspricht er ihm gerade wieder einmal, denn Napoleon sagt jetzt zu ihm in Gegenwart von einem halben Dutzend Zeugen: «Ach, was soll man denn von einem vergammelten Greis noch erwarten.» Der alte Lebrun reagiert blitzschnell. Er hebt die Augenbrauen und sagt: «Majestät, das ist eine Frage, die sich kleine Kinder häufig stellen.»
Schweigend dreht Napoleon sich ab: Er ist ganz ausnahmsweise einmal an den Falschen geraten. Mit um so größerem Ärger strebt er zurück in sein Kabinett. Er will jetzt endlich anfangen, richtig zu regieren. Sein

Kammerdiener Constant blickt ihm von ferne spöttisch nach. Er weiß von vornherein: Napoleon wird ganz bestimmt den ganzen Tag über nicht zum Regieren kommen. Napoleon ist nämlich nicht allein nach Paris gekommen. Er hat seine ganze korsische Familienmafia mitgebracht. Und während der Kaiser durchaus imstande ist, ganz Europa zu terrorisieren, ist er seiner Familie gegenüber völlig hilflos.

Wenn nicht gerade seine schreckliche Mutter Letizia im Vorzimmer wartet, dann wartet dort sein schrecklicher Bruder Joseph. Es gibt fast jeden Tag einen Anlaß zu einem wüsten Familienstreit, bei dem Napoleon in aller Regel unterliegt. «Was wollen Sie», hat er einmal geseufzt, «nach drei Stunden muß ich einfach Schluß machen. Mein Bruder Joseph geht nämlich dann zum Pferderennen. Ich aber habe ganz Europa am Hals.»

Vorerst hat er seine beiden Schwestern am Hals: Madame Bacciochi und Madame Murat. Beide sind außer sich, weil ihre Brüder und deren Frauen – also die eingeheirateten Schwägerinnen – den Titel «Prinz» und «Prinzessin» bekommen haben, sie selber aber nicht. Der Streit dauert wochenlang. Erschöpft gesteht Napoleon schließlich seinen Schwestern den Titel «Kaiserliche Hoheit» zu.

Es ist jetzt sechs Uhr abends und somit Zeit zum Abendessen. Dieses Abendessen wird von allen Historikern als «ganz schlicht» bezeichnet. Immerhin

umfaßt es außer den unvermeidlichen Makkaroni und dem korsischen Kastanienpüree acht verschiedene Sorten Fleisch, Geflügel und Wild, alles nach den erlesensten Rezepten zubereitet. Es folgen als Dessert drei verschiedene Cremen, gefolgt von Napoleons größter Leckerei: Waffeln nach deutscher Art.
Und jetzt? Wird der Kaiser sich in die Gemächer von Kaiserin Josephine begeben? Wird er ein paar Gäste um sich sammeln? Oder wird er doch noch versuchen, ein bißchen zu regieren? Auf jeden Fall: Sein treuer Kammerdiener Constant wartet. Er wartet darauf, Seiner Majestät die vielgeliebte Schlafmütze überzuziehen; damit der Kaiser eine Nacht lang von dem träumen kann, woran die naiven Völker in Europa glauben: er habe wieder einmal einen ganzen Tag lang energisch regiert.

2. Stück

Kaspar Hauser nachts im Park

Worin wir lernen,
was die Natur des Menschen ist

Anno 1828, am Samstag vor Pfingsten, schaut zu Nürnberg der Schustermeister Weikmann hinter den Butzenscheiben seiner Werkstatt hervor und erschrickt: Draußen auf dem Marktplatz taumelt ein junger Mann von etwa sechzehn Jahren, bleich und verstört im Gesicht, in den Bewegungen so linkisch, als habe er Angst vor den eigenen Gliedern.
Schustermeister Weikmann tut, was jeder von uns jederzeit tun sollte, wenn etwas nicht in Ordnung ist: Er holt sofort die Polizei. «Bläh-bläh» lallt der junge Mann, als ihn die Polizei zur Wache schleppt, «bläh-bläh» ist seine ganze Antwort auf alle drohenden und strengen Fragen. Da hat der Aktuar einen Einfall: er schiebt dem Jungen ein Stück Papicr und einen Bleistift zu. Der malt mit großen linkischen Buchstaben einen Namen aufs Papier: «Kaspar Hauscr». Dann wankt er in eine Ecke der Wachstube, bricht in sich zusammen und fällt in tiefen Schlaf.
In seiner Tasche findet die Polizei einen Zettel mit der Bitte, man möge den Jungen «Schwolisché» werden lassen: chevaux-léger, berittener Soldat. Er sei ein

Findelkind und völlig isoliert von jeder menschlichen Gesellschaft aufgewachsen.
Das alles kommt der Nürnberger Polizei so eigenartig vor, daß sie unverzüglich Bericht an den Bürgermeister erstattet mit der Bitte um eine höchstobrigkeitliche Entscheidung, was mit dem Jungen zu geschehen habe. Bürgermeister Binder von Nürnberg sieht, was auf dem Spiel steht: seine guten Beziehungen zu Königin Caroline von Bayern. Die Königin, berühmt für ihre Mütterlichkeit, hat ein besonders mütterliches Herz für Findelkinder. Auf der Stelle setzt der Bürgermeister von Nürnberg deshalb eine Sonderkommission zur Aufklärung des Falles Kaspar Hauser ein.
Zu dieser Sonderkommission gehört der Stadtarzt, und was er herausfindet, ist merkwürdig genug: Kaspar Hauser verträgt nur Wasser und trockenes Brot, jede andere Speise erbricht er. Er hat einen Geruchssinn so fabelhaft wie ein Hund: Menschen, Tiere, Früchte kann er auf große Entfernung am Geruch erkennen. Das Tageslicht schmerzt ihn, aber in der Dunkelheit sieht er so gut wie ein normaler Mensch bei Tag.
Wichtigstes Mitglied der Kaspar-Hauser-Sonderkommission ist Professor Daumer, ein Pädagoge.
Pädagogik ist damals beinahe so Mode wie heute. Mit ein paar andern pädagogisch bewegten Seelen bringt der Professor dem Sechzehnjährigen wie einem kleinen Kind das Sprechen bei. Nach ein paar Monaten

sagt Kaspar Hauser nicht mehr bläh-bläh, sondern erzählt in kindlich gebrochenem Deutsch folgende Geschichte:

Soweit er sich erinnern kann, ist er immer in einem stockfinsteren Verlies gefangengehalten worden, ohne jede menschliche Gesellschaft. Nur ein Mann, und zwar immer derselbe, hat ihm täglich Wasser und Brot gebracht, hat ihn wie einen Säugling saubergehalten und seine Kleider gewechselt. Wenige Wochen erst bevor er ihn bei Nacht nach Nürnberg gefahren und dort freigelassen hat, hat dieser Mann ihn notdürftig gehen und seinen Namen schreiben gelehrt.

Niemand ist über diesen Bericht so entsetzt wie Königin Caroline. Zwar ist Kaspar Hauser in Bauernkleidung in Nürnberg aufgetaucht. Aber seine Haartracht ist adelig. Deshalb vermutet Königin Caroline, daß der Findling Kaspar in Wirklichkeit der Sohn von Stephanie Beauharnais aus dem Stamm Napoleon ist, somit der Erbprinz des Großherzogtums Baden. Dieser Erbprinz soll zwar in der Wiege gestorben sein, aber Königin Caroline weiß es besser: die Reichsgräfin Hochberg habe den Erbprinzen aus der Wiege geraubt und dafür ein totes Kind hineingelegt.

Wir ersehen daraus, daß Königin Caroline etwas gegen die Reichsgräfin Hochberg hat, und daß der Fall Kaspar Hauser sehr dazu angetan ist, die Phantasie zu beschäftigen. Am meisten beschäftigt er die Phantasie der Franzosen. Alle Pariser Zeitungen erscheinen mit

Schlagzeilen wie: «Gaspard Hauser, un phénomène allemand mystérieux». In Frankreich nämlich ist Rousseau noch immer große Mode, und Rousseau hat gelehrt, daß der Mensch von Natur aus gut und nur durch die böse Gesellschaft verdorben sei. Ein Mensch, der außerhalb der Gesellschaft aufwachse, sei vollkommen natürlich und vollkommen gut. In Scharen kommen jetzt die französischen Jünger Rousseaus nach Nürnberg gefahren, um in Kaspar Hauser den vollkommen guten Naturmenschen zu studieren.

Da erleben sie aber eine bittere Enttäuschung nach der andern. Sagt Rousseau nicht, der Mensch sei von Natur aus gottesfürchtig? Kaspar Hauser, der Naturmensch, hat im Gegenteil eine unüberwindliche Abneigung gegen die Religion. Als ihn der Bürgermeister persönlich mit in die Kirche nimmt, bekommt er während der Predigt schwere nervöse Zuckungen und fragt verzweifelt, warum der Mann da oben auf der Kanzel so schimpfe. Als die Orgel dann «Ein feste Burg ist unser Gott» anstimmt, sinkt Kaspar Hauser in ohnmächtigem Entsetzen zu Boden. Auf der Bahre wird der Naturmensch aus dem Gotteshaus getragen, und im fromm-evangelischen Nürnberg verbreitet sich das deprimierende Gerücht, der Mensch sei wohl von Natur entweder Atheist oder Katholik.

Aber sagt Rousseau nicht auch, der Mensch sei von Natur aus arbeitswillig? Kaspar Hauser, der Naturmensch, ist von Natur aus stinkfaul. Jeden Abend sitzt er schlaff auf irgendeiner Party herum. Ohnehin kann er sich vor Einladungen nicht mehr retten, seit ihn die Franzosen zum Naturwunder erklärt haben, und in den feinsten Kreisen Nürnbergs gilt das Prinzip «Keine Party ohne Kaspar Hauser».

Da sitzt er denn herum und blickt mit jenem lässigen Überdruß in die Welt, den man damals «Weltschmerz» nennt; oder, wie Professor Mitscherlich ein Jahrhundert später sagen wird: Kaspar Hauser leidet am Kaspar-Hauser-Komplex. Am ehesten läßt er noch über das Essen mit sich reden. Der Naturmensch ißt am liebsten Fenchel, Kümmel und Anis. Gleich beginnen strenge Rousseau-Schüler, eine neue Naturkost zu entwickeln: eine Art Reformhausdiät auf der Grundlage von Fenchel, Kümmel und Anis.

Doch da ist noch etwas anderes mit der Natur des Naturmenschen Kaspar Hauser, was Nürnberg und die Welt verblüfft. Ich weiß gar nicht, wie ich es sagen soll. Am besten erzähle ich die Geschichte mit dem Lord.

Aus einer noblen Kutsche steigt vor dem Hotel «Zum wilden Mann» in Nürnberg ein schlanker und zarter Gast von etwa vierzig Jahren ab. Als er sich ins Gästebuch einträgt, erschauert Nürnberg: ein Mann von höchstem britischem Adel, aus der unmittelbaren Umgebung des englischen Thrones: Henry Lord Stanhope, Earl of Chersterfield, Pair of England.

Wie hätte der Bürgermeister von Nürnberg nein sagen können, als Seine Lordschaft anderntags bei ihm vorspricht und um die Erlaubnis bittet, künftig für Kaspar Hausers Unterhalt sorgen, ja überhaupt in allen Dingen Kaspars Freund und Beschützer sein zu dürfen? «Denn», fügt Seine Lordschaft mit romantisch umflortem Blick hinzu, «zwischen dem Jungen und mir steht ein tiefes Geheimnis.»
Vater und Sohn? Ganz Nürnberg flüstert, deutelt, rätselt. Ganz Nürnberg weiß: der Lord schenkt Kaspar einen Ring mit einem Diamanten, der Lord schenkt Kaspar eine goldene Uhr, der Lord schenkt Kaspar die feinsten englischen Seidengewänder. Und, der Bürgermeister hat es selber gehört, der Lord ermuntert Kaspar: «Sag Heinrich zu mir!»
Heinrich und Kaspar: Die geheimnisvolle Freundschaft zwischen den beiden wird täglich inniger. Morgens weckt Heinrich Kaspar mit einem Kuß auf die Stirn, mittags umarmen sich die beiden beim Kaffee auf dem Sofa, abends machen Heinrich und Kaspar endlose Spaziergänge, eng umschlungen im Mondenschein. Und die Nürnberger flüstern ergriffen: «Schau da, Vater und Sohn!»
Nur eine ist nicht ergriffen: Königin Caroline von Bayern. Sie ist noch immer auf ihre Theorie vom badischen Erbprinzen eingeschworen und hält deshalb den Lord für einen ausgemachten Schwindler. Dem bayrischen Gesandten in London erteilt sie den Auf-

trag, sich etwas über ihn umzuhören. Was er erfährt, wird zu einer Hiobsbotschaft für die Nürnberger: Lord Stanhope ist bestimmt nicht Kaspars Vater. Lord Stanhope, Pair of England, ist nur eines: «Somewhat queer» – das heißt auf deutsch: «schwul bis in die Knochen».

Das allein wäre nicht schlimm. Von einem englischen Lord erwartet man so etwas mehr oder weniger. Aber Kaspar! Kaspar, der Naturmensch, ist offensichtlich genauso in Heinrich verschossen wie Heinrich in ihn. Neigt der Mensch also von Natur aus zur Sünde wider die Natur? Ist der Mensch von Natur aus schwul?

Über dieser Frage bricht in Nürnberg die moralische Weltordnung zusammen. Und es beschließen die Nürnberger, ihr naturwidriges Naturwunder ohne Rücksicht auf den Fremdenverkehr aus dem Verkehr zu ziehen.

Kaspar Hauser kommt nach Ansbach, einer fränkischen Kleinstadt, wo ihn der Gendarmerieoberleutnant Hickel persönlich in Zucht nimmt. Das wichtigste im Leben, meint Gendarmerieoberleutnant Hikkel, ist eine geregelte Beschäftigung. Er findet deshalb für Kaspar eine geregelte Beschäftigung als Aktenkopierer beim Appellationsgericht. Da sitzt denn Kaspar, der Naturmensch, zwischen Aktenbergen und Tintenfässern und langweilt sich zu Tode. Auch die schnöde Welt verliert ihn aus dem Blick. Denn Nürn-

berg ist ein Begriff. Aber wo Ansbach liegt, weiß man nicht einmal in München, geschweige in Paris.
Rousseau hin, Rousseau her, schon hat man ihn vergessen, da kommt am 17. Dezember 1833, in einer kalt verschneiten Winternacht, eine Nachricht aus Ansbach nach Nürnberg, die in der ganzen europäischen Presse zur Schlagzeile wird: «Kaspar Hauser tot.» «Kaspar Hauser meuchlings ermordet.»
Der Mann, von dem die ganze Menschheit zu erfahren hoffte, was wir alle von Natur aus sind, ist fast den gleichen Tod gestorben wie Pier Paolo Pasolini: Mit einem Unbekannten, den er zufällig kennengelernt hatte, ist Kaspar Hauser in der Dunkelheit in den Ansbacher Schloßpark gegangen. Dort hat ihm der Fremde mit einem ganz schmalen Stilett das Herz durchstoßen.

3. Stück

Alexandre Dumas und die Kameliendame

Worin wir lernen,
unsere Frauen zu verstehen

Die Erfinderin der unverstandenen Frau ist die französische Schriftstellerin George Sand. Nach ihrer gescheiterten Ehe mit dem zweifellos nicht sehr sympathischen Baron Dudevant überschwemmte sie von 1832 an zuerst Frankreich und dann die ganze Welt mit Romanen, in denen es von tragisch unverstandenen Frauen nur so wimmelt.
Der Erfolg war enorm. Einmal der persönliche Erfolg für Madame Sand. Fortan nämlich war die ganze literarische Männerwelt Frankreichs, von Musset bis Flaubert, ständig unterwegs zu George Sands Landhaus in Nohant bei Paris, um ihr zu beweisen, daß es doch einen, einen einzigen gebe, der sie verstehe, eben der jeweils gerade anreisende Schriftsteller. Für Madame Sand war dieser Rummel höchst angenehm und interessant, denn es ergaben sich daraus alle möglichen Romanzen und Amouren, alle mit einem wunderschön tragischen Hintergrund. George Sand blieb selbstverständlich überzeugt, daß dennoch kein Mann fähig sei, sie zu verstehen.
Nun haben die Franzosen zu ihren Schriftstellern ein

ganz anderes Verhältnis als die Deutschen. Für die Deutschen ist der Schriftsteller ein Paria und Parasit, der entweder überflüssige oder gefährliche Dinge schreibt. Für die Franzosen dagegen ist der Schriftsteller der hochbewunderte Mann, der ausspricht, was alle gern aussprechen möchten.
Mit andern Worten: Es dauerte nicht lange, da griff auch schon George Sands Kult der unverstandenen Frau aus dem einsamen Landhaus in Nohant über auf ganz Paris. Hunderttausende von Frauen erkannten sich plötzlich als unverstanden, und Hunderttausende von Männern hatten nur noch eines im Sinn: Ich, ja ich bin der einzige, der dieses traurig unverstandene Wesen mit seiner Liebe zu trösten versteht.
Von dieser enormen Welle des Mitleids für das unverstandene Wesen Frau profitierte vor allem ein Berufsstand: die Prostituierten. Plötzlich war der Ruch der Vulgarität von ihrem Geschäft weg. War nicht jedes junge Ding, das einsam und allein unter der Laterne wartete, im Grunde eine unverstandene Frau? Fortan saßen die Damen der Pariser Halbwelt mit einer völlig neuen, hochliterarischen Allüre im Café und im Theater. Alle irgendwie blaß. Alle irgendwie verweint. Alle irgendwie zutiefst melancholisch. Und wenn da eine ihre Augen zu einem dieser bösen Männer hob, dann war es ein Blick voller Vorwurf: O, warum bist auch du einer von denen, die mich nicht verstehen?

Der geschäftliche Erfolg dieser neuesten Masche war für die Pariser Prostituierten so enorm wie der literarische Erfolg für George Sand. Denn das ist das Verrückte: Die Männer machten diese Welle voll und ganz mit. Mitte der vierziger Jahre war es in Paris so weit, daß eine Frau gar nicht mehr als attraktiv galt, wenn sie nicht etwas zutiefst Melancholisches, etwas zutiefst Enttäuschtes an sich hatte.
Ich erzähle das alles, damit Sie die hochliterarische Bedeutung einer Szene verstehen, die sich im Herbst 1844 im Pariser Théâtre des Variétés zugetragen hat. Da sitzen in einer Loge zwei junge Dandys, in englischer Weste und mit großer weißer Krawatte. Der schönere von den beiden heißt Alexandre Dumas. Es ist nicht der zu dieser Zeit bereits hochberühmte Autor der «Drei Musketiere». Das ist Alexandre Dumas der Ältere. Hier, im Théâtre des Variétés, sitzt vielmehr sein unehelicher Sohn, zur Zeit noch unbekannt, später Alexandre Dumas fils – der Jüngere – genannt. Im Schatten seines Vaters lebt Alexandre Dumas der Jüngere einstweilen von obskuren literarischen Gelegenheitsarbeiten und vor allem von dem Geld, das er seinem Vater aus der Schublade nimmt. Natürlich kümmern sich die beiden Dandys überhaupt nicht um das Spektakel auf der Bühne. Sie sind ganz damit beschäftigt, mit ihren Operngläsern das Weibervolk in den gegenüberliegenden Logen zu examinieren. «Hast du die da drüben gesehen?» fragt mit

einem Mal Alexandre Dumas fils. «Hast du diesen Schwanenhals gesehen?» murmelt er verzückt: «Elle est belle comme une figurine de Saxe – sie ist schön wie eine Porzellanfigur aus Dresden. Und hast du ihren Teint gesehen? Wunderbar blaß. Und ihre Augen! Diese Mandelaugen! So traurig habe ich überhaupt noch nie eine Frau blicken sehen!»
«Ach laß doch», unterbricht der andere die Verzükkung von Alexandre Dumas fils, «an die kommst du nie im Leben heran. Das ist doch Marie Duplessis!»
Wie ein Blitzschlag durchfährt es Alexandre Dumas: Marie Duplessis, die Frau, von der neuerdings der ganze Pariser «Jockey-Club» schwärmt, die von den reichsten und brillantesten Männern der Pariser Gesellschaft ausgehalten wird, von Fernand de Montguyon, Henri de Contades, Edouard Delessert und vom Herzog de Guiche (Übername «Cupidon»). Marie Duplessis, die Frau, die sich so wundervoll unverstanden gibt, daß sie inzwischen ein Jahreseinkommen von hunderttausend Goldfranken hat. Und wer sitzt neben ihr ganz wackelig in der Loge? Das ist der Graf von Stackelberg, ebenso verkalkt wie reich.
Der blöde Graf von Stackelberg ist Dumas' Chance. Er ärgert und langweilt an diesem Abend seine teure Begleiterin in der Theaterloge derart, daß sie, in einer plötzlichen Laune, einem ungewohnten Seitensprung nicht mehr abgeneigt ist. Nach einem unerhört komplizierten Intrigenspiel, bei dem alle möglichen klei-

nen Papierchen heimlich von Loge zu Loge wandern, gewährt sie dem jungen Habenichts auf der Tribüne gegenüber noch für selbige Nacht ein Stelldichein. Denn auch sie hat natürlich ihr Opernglas und auch sie hat ein Interesse gefunden an der literarischen Melancholie in Alexandre Dumas' jugendlichem Antlitz.
Und es wird eine Liebesnacht von tragischer Melancholie zwischen zwei unverstandenen Seelen, ja, aber auch zwischen zwei Leibern, die einander um so besser verstehen. Im großen klassischen Versmaß der französischen Literatur, in Alexandrinern, hat Alexandre Dumas fils die Wollust dieser Nacht gefeiert:

«Vous souvient-il des nuits où, brûlante amoureuse,
Tordant sous les baisers votre corps éperdu,
Vous trouviez, consumée à cette ardeur fiévreuse,
Dans vos sens fatigués, le sommeil attendu?»

«Par respect pour les mœurs», wie man auf französisch sagt, auf deutsch: «in freiwilliger Selbstkontrolle», möchte ich auf eine Übersetzung dieser klassischen Verse verzichten. Es ist ja auch nicht so, daß sich das klassische Erlebnis für Alexandre Dumas noch sehr oft wiederholt hätte. Geschäft ist nun mal Geschäft, Marie Duplessis hatte nicht nur Einnahmen, sondern auch Ausgaben für hunderttausend Goldfranken im Jahr, und bei aller melancholischen Un-

verstandenheit mochte sie eines noch so verständnisfreudigen jungen Dichters wegen kein Defizit riskieren.
Jetzt war es an Alexandre Dumas fils, sich unverstanden zu fühlen, und aus lauter Melancholie begab er sich auf Papas Kosten auf eine lange tröstliche Reise zu den landschaftlichen und zu den erotischen Schönheiten Spaniens und Nordafrikas. Marie Duplessis ihrerseits fand derweil neues Verständnis in den Armen von Franz Liszt, der allerdings nicht zuviel Zeit für sie hatte, denn er war gleichzeitig damit beschäftigt, Madame George Sand zu verstehen.
Und dann ging auf einmal alles ganz schnell mit der melancholisch unverstandenen Schönen. Wie Goethes Gretchen hatte sie schon immer zu Ohnmachtsanfällen geneigt, so sehr, daß sie allen ihren Liebhabern streng verboten hatte, ihr Rosen ins Schlafzimmer zu bringen. Rosen duften, und davon wurde ihr schwindelig. Die einzigen Blumen, die sie mochte, waren Kamelien. Denn Kamelien sind melancholisch. Und geruchsneutral.
Kamelien hin, Kamelien her, im Winter 1846/47 wurde es Fräulein Duplessis immer häufiger schwindelig. Am 3. Februar hauchte sie im Alter von dreiundzwanzig Jahren ihr kostbares Leben aus. Sie starb, wie so mancher romantische Jüngling und wie so manches romantische Fräulein jener Zeit, an einer kuriosen Kombination von Melancholie und Schwindsucht.

Alexandre Dumas fils wußte davon nichts. Er war ja in Nordafrika, ganz damit beschäftigt, unverstandenen Frauen jenes Kontinents in klassischen Alexandrinern Verständnis zu bezeugen. Aber kaum nach Paris zurückgekehrt, erkennt Alexandre Dumas seine große literarische Chance. Er bastelt seine eigene Romanze mit Marie Duplessis ein bisschen um, und zwar zu seinem eigenen Ruhm: Er stellt sich selbst nämlich nicht als brünstigen jungen Dandy dar, sondern als einen Edelmann, der alles opfert, um eine tief gesunkene Sünderin auf den Pfad der echten, der geistigen, der romantischen Liebe zurückzuführen. Allein durch seine Liebe, allein durch sein tiefes Verständnis. Wenige Monate nach dem Tod von Marie Duplessis erscheint in Paris der Roman «Die Kameliendame». Par Monsieur Alexandre Dumas fils.

Der Erfolg ist ungeheuer. Alle Jünglinge Frankreichs weinen über die Sünderin in dem kameliengeschmückten Schlafzimmer, alle Frauen Frankreichs blicken bewundernd empor zu ihm, dem einen, der die Unverstandene zu verstehen wußte und sie zurückführen wollte zur echten, tugendhaften Liebe.

Vor allem weint eine: George Sand in ihrem Landhaus in Nohant. Das hätte sie nicht gedacht, daß es einen Mann gäbe, der die Tragik der unverstandenen Frau noch besser darzustellen wüßte als sie. Was stand einer romantischen Reise von Alexandre Dumas fils zu George Sand nach Nohant noch entgegen?

Nichts. Sie sprach ihn an mit «grand fils lumineux – großer lichterfüllter Sohn», er sprach sie an mit «Madame et cher maître – Gnädige Frau und liebe Lehrmeisterin». Sie schrieb Romane, er machte draus Theaterstücke: das Verständnis zwischen den beiden großen unverstandenen Seelen war vollkommen.
Es war so vollkommen, daß keine fleischliche Lust es trüben konnte. Sie sprach ihn an mit «mon fils – mein Sohn» und er sprach sie an mit «chère Maman – geliebte Mutti!»

4. Stück

Die Tränen der Kaiserin Josefine

Worin wir eine deutsche Methode der
Fußpflege kennenlernen

Die Kokospalmen wiegen sich im sanften Wind der Karibischen See. Wir sind im Jahre 1775 auf der Insel Martinique in den französischen Antillen. Ein junges Kreolenmädchen kommt verstohlen den Strand entlang. Vor einer alten Bretterhütte, mannshoch überwachsen mit duftendem Jasmin, bleibt es stehen. Und dann tut es, was tausend andere Kreolenmädchen vor ihm getan haben: Es schlüpft hinein in die Hütte, legt eine Silbermünze auf den Tisch und sagt: «Alte Mutter Eliama, sage mir, ob ich Glück haben werde in der Liebe.»

«Joséphine, mein Kind», krächzt das alte Negerweib, «reiche mir die Schüssel herüber mit dem Kaffeesatz und sage mir, wann du geboren bist.» «Ich bin geboren am 23. Juni 1763.» Eine Ewigkeit lang starrt die Alte vor sich hin: «Joséphine, mein Kind, seit achtzig Jahren lese ich die Zeichen der Zeit im Kaffeesatz. Aber so ein Zeitzeichen wie deines habe ich noch nie vor mir gehabt.»

«Wie wird er sein?» fragt scheu das kleine Mädchen.

«Es wird ein schöner Mann sein», sagt die alte Mutter

Eliama, «aber du wirst ihn nicht lange haben.» Die Negerin fährt sich mit der flachen Hand über den Hals und sagt «kwck». «Den Kopf wird man ihm abhauen.» Schon fängt das kleine Mädchen an zu heulen.

«Kleine Joséphine, mußt nicht weinen. Es ist ja nur dein erster Mann. Es sind aber zwei Männer für dich im Kaffeesatz.» Schon ist die Kleine wieder munter. «Und wie wird mein zweiter sein?» Die alte Mutter Eliama schweigt. Sie schließt die Augen. «Ich höre Trommeln, Pfeifen und Fanfaren. Das ist dein zweiter Mann. Es ist ein Mann, der mit keinem anderen zu vergleichen ist. An seiner Seite, kleines Mädchen Joséphine, wirst du größer sein als eine Königin.»

«Größer als eine Königin.» – Wie hat Kaiserin Joséphine, verwitwete de Beauharnais, an der Seite Napoleons gelebt?

Die Szene ist jedesmal die gleiche. Wenn Napoleon die Nacht bei Joséphine im Tuilerienpalast verbracht hat, rüttelt er sich mit militärischer Disziplin morgens um sieben wach und versucht, sich unbemerkt aus dem Bett zu stehlen. Es ist ihm nicht ein einziges Mal gelungen. «Stehst du schon auf?» fragt die Kreolin zärtlich, «bleib doch noch ein bißchen bei mir!» «Dann», berichten die Kammerdiener, «rollt er sie jedesmal zärtlich ein in Kissen und Decken, küßt sie auf Schultern und Wangen und läßt sie mit einem Lächeln zurück.»

Gleich schläft Joséphine wieder ein. Erst zwischen acht und neun verbreitet sich von Mund zu Mund durch den ganzen Palast die Sensation: «Ihre Kaiserliche Majestät ist aufgestanden.»
Zuerst läßt sich Joséphine ihren Lieblingshund vorführen, einen Wiener Lulu. Sie trinkt ein Glas Tee oder Fruchtsaft. Umgeben von ihren sechs vertrautesten Kammerfrauen, beginnt sie mit der großen Morgentoilette. Da sind Cremen und Pomaden in tausend Töpfchen und Fläschchen. Da ist Eau de Cologne, Eau de Naples, Eau du Portugal. Allein für Lippenstifte gibt die Kaiserin im Jahr etwa fünfundzwanzigtausend Mark heutigen Geldes aus.
Jetzt erscheint der Médecin-Pédicure Ihrer Kaiserlichen Majestät, ein Deutscher namens Tobias Küng. Während er die Fußnägel Joséphines pflegt, trägt er volle militärische Rüstung, das Schwert an seiner Linken. Einmal hat die Kreolin den Deutschen gefragt, warum er zu so einer Arbeit militärische Rüstung trage. «Majestät», hat der Deutsche geantwortet, «das ist bei uns in Deutschland so üblich.»
Jetzt beginnt die Kaiserin mit dem Anziehen. Im Jahre 1809 besitzt sie 399 Unterröcke, allerdings nur zwei Unterhosen, die sie auch nur zum Reiten trägt. Denn Joséphine liebt Unterhosen nicht.
Welchen Rock wird sie heute tragen? Träumerisch geht Joséphine von einem Schrank zum andern. Die Wahl fällt ihr schwer. Sie besitzt 872 Röcke, die mei-

sten in Satin und Samt, viele, zum großen Ärger Napoleons, mit englischen Spitzen.
Jetzt die Wahl der Schuhe. Wieder kann sie sich kaum entscheiden: Allein im Jahre 1809 hat sie 524 Paar Schuhe gekauft.
Der Coiffeur-Modiste Duplan betritt den Saal und nähert sich mit tausend Bücklingen den Haaren Ihrer Majestät. Seine Spezialität sind «boucles en repentir – Reuelocken», die er kunstvoll mit Perlen und Diamanten verziert.
Zum Schluß die Wahl der Handschuhe, besonders schwierig, weil sie 980 Paar besitzt.
Gegen zwölf das Mittagessen im intimen Kreis von zehn Hofdamen. Es werden serviert: Suppe, vier Hors d'œuvres, zwei Appetithappen, sechs Vorspeisen, sechs Zwischenspeisen, zwei Braten, sechs Desserts. Nach dem Essen spielt Joséphine eine Partie Billard oder stickt ein bißchen.
Gegen drei Uhr wird die Kaiserin unruhig. Sie hat jetzt das Gefühl, heute noch nichts Vernünftiges getan zu haben. Dann läßt sie anspannen zu einem kleinen Ausflug ins Bois de Boulogne oder sie empfängt, selten genug, ihren Hofbeichtvater zu einem Gespräch über christliche Seelenprobleme.
Fünf Uhr ist die kritische Stunde des Tages. Dann beginnt nämlich die große Abendtoilette, die sich nur in einem, aber dafür in einem wichtigen Punkt von der Morgentoilette unterscheidet: Es muß jetzt jeden

Augenblick damit gerechnet werden, daß Napoleon durch die Türe kommt. Er ist zu dieser Stunde ganz anderer Laune als morgens um sieben. Er kritisiert jetzt alles an ihrer Garderobe und erteilt pausenlos Befehle, um Ordnung in den verschlampten Haushalt zu bringen. Zu jedem Befehl nickt Joséphine mit zärtlicher Milde, und alle ihre Hofdamen nicken mit. Sobald Napoleon wieder draußen ist, erteilt Joséphine, Punkt für Punkt, den gegenteiligen Befehl. Und es ist nicht Napoleons, sondern *ihr* Befehl, der ausgeführt wird.

Wenn der Kaiser am Diner teilnimmt, wird es gewöhnlich sehr unerfreulich. Napoleon versteht nichts vom Essen. Er läßt die Speisen à l'ambigu servieren, das heißt alles zugleich auf den Tisch. Dann ißt er hastig alles durcheinander. Zum Schluß werden noch Kuchen hereingetragen, die den Kaiser an seine Siege erinnern: Sie haben die Form von ägyptischen Pyramiden, deutschen Kirchen und römischen Tempeln.

Manchmal erscheint die Kaiserin mit verweinten Augen zum Abendessen. Dann ruft der Kaiser, wenn er sich wieder in sein Arbeitszimmer zurückgezogen hat, seinen Sekretär Duroc zu sich: «Duroc, ich habe den Eindruck, daß die Kaiserin wieder Schulden gemacht hat. Forschen Sie mal nach!»

Duroc begibt sich zu Joséphine: «Madame, der Kaiser ist der Meinung, daß Sie Schulden gemacht haben. Wie hoch ist der Betrag?» Joséphine fängt an zu heulen und beteuert, es sei nur etwa eine Million. Duroc fragt, ob es nicht zwei Millionen seien. Die Kaiserin heult weiter. Nein, es seien nur anderthalb Millionen. «Gut», sagt seufzend der getreue Duroc, «ich werde es dem Kaiser melden.»

Kurz danach kommt Napoleon ganz außer sich ins Schlafzimmer der Kaiserin gestürzt: «Madame: Sie beziehen allein aus dem Haushalt des Reiches eine jährliche Pension von über drei Millionen. Wohin geht das Geld?»

Joséphine zerfließt in Tränen.

«Ich werde alle Ihre Lieferanten ins Gefängnis bringen», sagt Napoleon und stampft mit dem Fuß. Joséphine heult weiter.

«Wieviel sind es denn jetzt eigentlich?» fragt Napoleon wütend: «eine Million, anderthalb Millionen oder zwei Millionen?» Joséphine ist aufgelöst in Tränen: «Chéri, es sind dreieinhalb Millionen!»

Die Kreolin spielt ihr Theater perfekt. Sie weiß ganz genau, daß der Mann, der ganz Europa unterworfen hat, nicht imstande ist, die Frau, die er liebt, weinen zu sehen.

Da steht er neben ihr: «Joséphine», sagt er, «kleine Joséphine, mußt nicht weinen.»

Joséphine heult weiter.

«Joséphine», sagt Napoleon, «und wenn du fünf Millionen Schulden machst – was bin ich nicht bereit, für dich zu bezahlen. Mio caro amore!»

5. Stück

Turnvater Jahn als Verfassungsfeind

Worin wir lernen,
warum die heutige Jugend nichts taugt

Was ich schon immer einmal sagen wollte: Die heutige Jugend gefällt mir gar nicht.
Wie einfallslos die schon daherkommen, in ihren spießbürgerlich netten Jeans-Anzügen und in der gepflegten Unauffälligkeit ihrer halblangen Haare. Und mit was für politischen Ansichten die neuerdings wieder daherkommen. Wenn sie wenigstens richtig reaktionär wären. Aber das sind sie ja auch nicht. Weder heiß noch kalt sind sie. Lauwarm kommen sie daher, lauwarm, angepaßt und windelweich bis in die Knochen.
Sie kommen übrigens gar nicht daher. Sie sitzen. Nicht mehr die skeptische und nicht mehr die revolutionäre Generation ist das, sondern die sitzende Generation. Ihr innigstes Anliegen ist es, möglichst lang auf Schulbänken herumzusitzen. Und wenn sie nicht in der Schule oder im Hörsaal sitzen, dann sitzen sie zu Hause vor dem Fernseh-Apparat. Und wenn sie nicht vor dem Fernseher herumsitzen, dann sitzen sie mit unendlich gelangweilter Miene irgendwo in der Fußgängerzone herum. Und wenn sie sich abends

vom Sitzen auf Stühlen und Bänken erholen wollen, dann setzen sie sich noch eine halbe Stunde in den Joga-Sitz. Womit sich dann das Lebensprinzip des Sitzens noch steigert zu einer richtigen Religion.
Wie ganz anders waren doch unsere Vorfahren, die alten Germanen. Die bedeutendsten Historiker des Alten Rom sprechen in Ausdrücken höchster Bewunderung von der körperlichen Tüchtigkeit der Germanen: Laufen, Werfen, Springen, Reiten, Schwimmen, Ringen und Fechten, «das» schreibt Tacitus, «sind die Spiele der Kinder, das ist der Wetteifer der Jünglinge, und noch als Greise reiten sie.» Und Pomponius Mela: «Die jungen Germanen ertüchtigen ihre Körper durch Gewöhnung an Strapazen.» Und Gajus Julius Cäsar – der große Cäsar! – ruft voller Bewunderung aus: «Von klein auf streben die Germanen nach Übung und Abhärtung. Und diese tägliche Ertüchtigung bewirkt Kraft und Körpergröße.»
Der jüngere Plinius berichtet gar, daß es bei den Germanen gang und gäbe war, große Flüsse wie Rhein und Donau schwimmend zu durchqueren. Und Ammianus bezeugt, daß für die Durchquerung des Tigris extra germanische Soldaten ausgewählt wurden, denn diese seien es von frühester Kindheit an gewöhnt, die breitesten Flüsse zu durchschwimmen. Und wiederum Cäsar: «Dank langer Übung haben die Germanen eine solche Schnelligkeit im Dauerlauf, daß sie sogar mit den Pferden im Lauf mitkommen.» Und es waren

nicht nur die jungen Männer, die Kraft hatten wie ein Pferd. Auch die jungen Frauen waren ganz anders geartet als unsere neudeutschen Büro- und Schattenpflänzchen. «Bei den Germanen», schreibt Tacitus, «paart sich der vollkräftige Mann mit dem gesunden Weibe, und die Kinder geben Zeugnis von der Leibesstärke der Eltern.»

Wie konnte ein so bärenstarkes Geschlecht absinken bis zu den Schlotterfiguren der heutigen sitzenden Generation? Im Mittelalter fing es an.

Die absurde Idee, ein Mensch müsse, um etwas zu werden, möglichst intensiv sitzen, verbreitet sich zuerst in den Klosterschulen. Da sitzt jetzt die Elite der Nation und malt Buchstaben: goldene Buchstaben auf kostbarstes Pergament. Im Schnitt einen Buchstaben pro Tag.

Wenigstens aber werden in den meisten Klöstern einige der altgermanischen Spiele noch zur Unterhaltung an Festtagen geduldet, im Kloster St. Gallen etwa das Ballspiel. Wenigstens ist das Herumsitzen und Buchstabenschreiben nachts verboten. Noch im 13. Jahrhundert braucht der heilige Thomas von Aquin eine Spezialerlaubnis aus Rom, um nachts lesen und schreiben zu dürfen. Und wenigstens hält der Adel am alten Ideal der körperlichen Tüchtigkeit fest. Um 1400 heißt es im «Ritterspiegel»: «Die ritterliche frôlichkeit / Mit loufin und mit springin / Manig höfisches spel zu wege treid / Mit schizin, werfin und ringin.»

Mit dem Humanismus geht es dann weiter abwärts. Zwar hätten die Humanisten beim Studium der klassischen Antike eigentlich den hohen Wert entdecken müssen, den Griechen und Römer der Gymnastik beimaßen. Sie haben ihn auch entdeckt. Aber es blieb bei der reinen, dünkelhaften Theorie. In ihrer praktischen Existenz waren die großen Humanisten nichts als Bücherwürmer. Und im Unterschied zu den Mönchen des Mittelalters saßen sie jetzt auch nachts beim Kerzenschein in der Studierstube.

Die Folge sind Krankheiten, Krankheiten aller Art. Vom größten Humanisten, von Erasmus von Rotterdam, wissen wir, daß er alle vier Wochen einen großen Schnupfen hatte.

Das Schlimme ist, daß die Lebenseinstellung des Erasmus von Rotterdam in den folgenden zwei Jahrhunderten durch die Schulen zum Allgemeingut wird. Die Gothaische Schulordnung von 1654 verbietet den Kindern «Springen, Laufen, Jagen, Ringen und dergleichen». In Genf kommen Eltern, deren Kinder beim Herumrennen erwischt wurden, vor Gericht. Die Stadt Basel erläßt 1588 ein «Sittenmandat», das den Kindern das «unzüchtige Steinschieben» untersagt. Die liebste Beschäftigung der alten Germanen, das Schwimmen, wird überall in Deutschland mit schweren polizeilichen Strafen belegt.

Es ist ein Schweizer, der als erster Schluß gemacht hat mit der unsinnigen Idee, Bildung sei gleichbedeutend mit Sitzen: Johann Heinrich Pestalozzi. In seiner Erziehungsanstalt in Yverdon hat er als erster tägliche intensive Gymnastikübungen eingeführt. Bahnbrechend für die Wiederbesinnung auf die körperliche Tüchtigkeit ist im ganzen deutschen Sprachgebiet Pestalozzis Buch «Wie Gertrud ihre Kinder lehrt».

Trotzdem ist Johann Heinrich Pestalozzi nur so etwas wie ein Johannes der Täufer der Leibeserziehung. Ein Größerer ist nach ihm gekommen, ein Deutscher: Turnvater Jahn.

Es ist heute üblich, über Turnvater Jahn Witze zu machen. Es wird behauptet, er habe nur aus lauter Haß gegen die Franzosen die deutsche Jugend zur Wehrhaftigkeit erziehen wollen. Und er selber habe jeden Morgen, gleich nach dem Sprung aus dem Bett, seinen Tag angefangen mit einer Bauchwelle – «zur Ertüchtigung gegen Frankreich».

Geben wir es zu: Turnvater Jahn war tatsächlich ein bißchen beschränkt. Aber das macht nichts. Zwar muß man alles andere als beschränkt sein, um eine große Idee zu haben. Aber um eine große Idee *durchzusetzen,* bedarf es sehr wohl einer gewissen Beschränktheit. Ein Mensch, der nicht ein bißchen beschränkt ist, ist gar nicht imstande, sich sein ganzes Leben lang auf eine einzige große Sache zu konzentrieren.

Das aber hat Turnvater Jahn getan. Sein ganzes Leben lang hat er nur dafür gekämpft, die Jugend körperlich wieder so tüchtig zu machen, wie es die alten Germanen waren. 1811, noch mitten in den napoleonischen Kriegen, eröffnet er den ersten Turnplatz in der Hasenheide in Berlin. Er erfindet überhaupt erst einmal das Wort Turnen. 1816 veröffentlicht er sein bahnbrechendes Werk: «Die deutsche Turnkunst». Minutiös beschreibt er darin Hunderte von Turnübungen, die er zum größten Teil mitsamt dem Namen selbst erfunden hat: die Bauchwelle, die Kniewelle, die Sitzwelle, die Burzelwelle, die Kniehangwelle, die Felge, die Bauchfelge, die Kreuzbiege, die Speiche, den Überschwung, den Abschwung, den Unterschwung, das Hüpfen, das Grätschen, das Spreizen, das Kreuzen, das Hurten, das Heben, das Wippen, das Hockwippen, den Jungfernsprung, den gewundenen Jungfernsprung, die Kehre, die Wende, die Schere, die Mühle, den Hocksprung, die Gaffel, die Spreize, die Spille, die Schraube, den Katzensprung, den Froschsprung, den Affensprung, den Kehrschwung, den Hexensprung, den Fechtsprung, den Riesensprung. Dazu alles Nötige über den Turnplatz, den Turnlehrer, die Turnzeit, die Turntracht und, besonders wichtig, die Turngesetze. Wörtlich schreibt Turnvater Jahn: «Wer wider die Deutsche Sache und Sprache freventlich thut oder verächtlich handelt, mit Worten oder Werken, heimlich wie öffentlich –, der soll erst ermahnt, dann gewarnt, und so er von seinem undeutschen Thun und Treiben nicht ablässet, vor jedermann vom Turnplatz gewiesen werden. Keiner darf zur Turngemeinschaft kommen, der wissentlich Verkehrer der Deutschen Volksthümlichkeit ist, und Ausländerei liebt, lobt, treibt und beschönigt.»

Da geschieht das Unfaßliche: 1819 wird der brävste Mann von ganz Deutschland, wird Turnvater Jahn verhaftet. Warum? Weil die preußische Polizei befindet, Friedrich Ludwig Jahn sei ein «Roter», ein Linksradikaler. Was lehrt uns das? Das lehrt uns, daß es in Deutschland offenbar genügt, etwas Ungewohntes zu machen, und sei es eine Bauchwelle, um gleich als Linksradikaler verfolgt zu werden.

Sechs Jahre muß Turnvater Jahn auf seinen Freispruch warten, größtenteils in der Untersuchungshaft. Überall in Deutschland wird das Turnen unter Strafe gestellt, werden die Turnplätze polizeilich geschlossen. Aber wie immer, wenn eine gute Sache in Deutschland unterdrückt wird, setzt sie sich jetzt erst einmal in der deutschen Schweiz durch. Begeistert turnen bis hoch hinauf ins Berner Oberland Tausende von eidgenössischen Söhnen des deutschen Turnvaters.

1825 wird Turnvater Jahn zwar freigesprochen, aber er bekommt, als vermeintlicher Linksradikaler, Berufsverbot, das heißt, in seinem Falle besonders schmerzlich, Turnverbot. In Preußen bleibt das Turnen zwei Jahrzehnte lang überhaupt verboten. Aber

Turnvater Jahn turnt heimlich weiter, in ganz Deutschland wird heimlich weitergeturnt, auf abgelegenen Höfen und Wiesen und auf verborgenen Waldlichtungen, heimlich nachts im Mondenschein. Erst am 16. Juni 1860 darf in Coburg das erste allgemeine deutsche Turnfest stattfinden. Es ist, als hätten Turnvater Jahns Ideen endlich gesiegt.
Haben sie gesiegt? – Mehr als ein Jahrhundert nach Coburg sitzt die deutsche Jugend wieder herum, als hätte es die alten Germanen, als hätte es Turnvater Jahn nie gegeben: lahm und verweichlicht – «verwelscht» hätte Turnvater Jahn gesagt.
Wahrlich, wahrlich ich sage euch: Aus dieser sitzenden Generation wird nichts Rechts mehr werden, wenn sie nicht endlich wieder auf die Devise hört: Zurück zu den alten Germanen! Zurück zu Turnvater Jahn!

6. Stück

Sarah Bernhardt als Erzengel Raffael

Worin wir lernen,
wie schön Tragödien sind

Daß die Frau, die ein halbes Jahrhundert lang nicht nur Frankreichs größte Schauspielerin war, sondern auch Frankreichs glühendste Patriotin, daß Sarah Bernhardt in Wirklichkeit die Tochter eines preußischen Glasaugenfabrikanten gewesen sei, dies ist ein infames Gerücht. Allerdings: für dieses Gerücht spricht einiges, vor allem die Lebensgeschichte ihrer Mutter.

Die holländische Jüdin Judith van Hard lebt 1844 in Berlin als Putzfrau: arm, aber anständig. Bis sie eines Tages einen unerhört couragierten Entschluß faßt: Sie macht mit Armut und Anstand gleichermaßen Schluß, fährt nach Paris und steigt dort binnen weniger Jahre auf in den exklusiven Kreis der «Grandes Horizontales», das heißt: der begehrtesten und bestbezahlten Kurtisanen.

Freilich: als sie Berlin verläßt, ist sie bereits schwanger. Am 25. Oktober 1844 gebiert sie in Paris das Töchterchen, das sich später Sarah Bernhardt nennen wird. Da das Kind seiner Mutter bei ihrem horizontalen Gewerbe nichts als im Wege steht, kommt es schon

bald in eines von Frankreichs vornehmsten Internaten: ins Kloster Grandchamps in Versailles.
Die kleine Jüdin hat die Nonnen im Kloster von Versailles gern gemocht, und sie wird in späteren Jahren auf die Frage nach ihrer Konfession nur antworten: «Ich bin weder Christin noch Jüdin. Ich bin römisch-katholisch.»
In diesem Kloster steht sie als magerer Teenager ein erstes Mal auf der Bühne: Sie spielt den Erzengel Raffael in der Geschichte von Tobias und dem Engel. Der Erzbischof von Paris, Monseigneur Sibour, kommt persönlich zur Premiere. Sie wird für Sarah zu einer fürchterlichen Enttäuschung: der gesamte Applaus gilt nicht ihr, sondern dem Klosterhund Cäsar, der das Seeungeheuer spielt. Schon will sich der eifersüchtige Erzengel auf den Klosterhund stürzen. Aber die Macht des Schicksals ist schneller: Ein Attentäter wirft eine Bombe, die leider nicht nur den Klosterhund ums Leben bringt, sondern auch den Erzbischof.
In dieser Stunde, so bekennt Sarah Bernhardt später, erwacht in ihr der Sinn fürs Tragische. Sie reckt ihre Hand zum Himmel und gelobt, zur Sühne für den Tod des Erzbischofs selber Nonne zu werden.
Entsetzt versammelt Mutter Judith einen Familienrat. «Familienrat» heißt in diesem Falle: Sie trommelt ein halbes Dutzend Herren zusammen, die ihr besonders nahestehen. Vor diese sündige Runde tritt Sarah

und ruft mit trotzigem Pathos: «Mein Bräutigam ist Jesus!» Muttis Herrenrunde antwortet mit homerischem Gelächter. Wutentbrannt stürzt sich Sarah auf den Nächstbesten, einen Notar aus Le Havre, zerkratzt ihm aufs fürchterlichste die Visage und reißt ihm zum Schluß triumphierend ein ganzes Büschel Haare vom Kopf.

Es ist Sarahs Glück, daß in diesem Augenblick der Herzog von Morny zum Familienrat stößt. Er faßt die Mutter um die Schulter und sagt: «Chérie, deine Tochter gehört nicht ins Kloster, sondern auf die Bühne!»

Der Herzog von Morny ist nicht irgend jemand, sondern ein Halbbruder Kaiser Napoleons III. Er sorgt dafür, daß Sarah in die Schauspielschule des Conservatoire aufgenommen wird und anschließend gleich in Frankreichs berühmteste Schauspieltruppe: in die Comédie-Française. Freilich, wir sind im Jahre 1863, die Gesellschaft ist noch eine Klassengesellschaft, und auch die Mitarbeiter der Comédie-Française sind streng getrennt in zwei Klassen: in die Sociétaires – Festangestellte mit allen Privilegien – und in die Pensionnaires – freie Mitarbeiter, die jeder Willkür des Hauses völlig hilflos ausgeliefert sind.

Das übelste an diesem Zweiklassensystem in der Comédie-Française ist dies: Es macht das Haus künstlerisch völlig steril. Die Festangestellten wehren sich gegen jede Neuerung, weil jede Neuerung irgendeine

Pfründe gefährdet, und die freien Mitarbeiter sind völlig damit beschäftigt, den Festangestellten in den Hintern zu kriechen, um selber einmal eine Pfründe zu bekommen.

In diesen abgestandenen Laden tritt jetzt Sarah Bernhardt ein als freie Mitarbeiterin. Wann wird der große Eklat kommen? Er kommt im feierlichsten Augenblick: während der jährlichen Gedenkstunde für Molière. Vor versammeltem Haus tritt die freie Mitarbeiterin Sarah Bernhardt auf eine der ehrwürdigsten festangestellten Schauspielerinnen zu und gibt ihr links und rechts eine klatschende Ohrfeige.

Nach dem Prinzip «Ist dein Ruf erst ruiniert, lebst du völlig ungeniert» sorgt Sarah in den folgenden Jahren für eine ganze Reihe weiterer Skandale. Da ist vor allem die unappetitliche Geschichte mit dem Sarg aus Rosenholz, den sie seit Jahren zum Gedenken an den Tod von Erzbischof Sibour mit sich herumschleppt. Eine Pariser Zeitung schreibt: «Daß Mademoiselle Bernhardt in diesem Sarg schläft, ist seit längerem bekannt und ist insofern ganz stilvoll, als sie ja mager ist wie ein Skelett. Daß sie sich jetzt aber auch noch angewöhnt hat, ihre Bekannten im Sarge sitzend und ihre Liebhaber im Sarge liegend zu empfangen, ist nichts als eine skandalöse Geschmacklosigkeit!»

Die Skandale um die junge Schauspielerin nehmen jäh ein Ende, als die Preußen auf Paris marschieren. Sarah Bernhardt verbringt den Deutsch-Französi-

schen Krieg damit, als Jeanne d'Arc über die Schlachtfelder zu schreiten und mit dem Pathos der klassischen französischen Tragödie sterbenden Soldaten patriotischen Trost zu spenden.
Derweil verschwindet aus dem belagerten Paris ihr kleines Söhnchen Maurice auf höchst mysteriöse Art. Etwas später erreicht sie die ebenso mysteriöse Nachricht, Söhnchen Maurice befinde sich «wohlbehalten bei Verwandten in Deutschland». Empört durchbricht Sarah die preußischen Linien und setzt sich in den Zug nach Köln, um Söhnchen Maurice aus den Händen der barbarischen Verwandtschaft zu retten. In einem Abteil erster Klasse sitzt sie einem preußischen Offizier gegenüber, der sie unverwandt aus einem Auge anstarrt. Warum starrt der Preuße so? Mit einem Mal fällt Sarah vor Entsetzen in Ohnmacht: als wolle er sie an die schlimmste Demütigung ihres Lebens erinnern, trägt der Preuße ein Glasauge. Zum Glück passiert in diesem Augenblick, was auch künftig jedesmal passieren wird, wenn Sarah die Eisenbahn nimmt: Es gibt ein furchtbares Zugsunglück. Sarah ist unverletzt, der Preuße wird schwerverwundet auf der Bahre weggetragen.
Der Deutsch-Französische Krieg bringt Sarah auch als Schauspielerin auf jenes Leitmotiv zurück, das sie seit ihren klösterlichen Jugendtagen quer durch alle ihre Verrücktheiten begleitet: das Spiel vom Tod. Als sterbende Tragödin feiert sie jetzt in den verschieden-

sten Theatern von Paris und auch in London beispiellose Triumphe. Sarah stirbt lüstern wie eine Schlange; Sarah stirbt entrückt wie eine Madonna; Sarah stirbt mit dem unerhörten Pathos der klassischen französischen Tragödie. Wenn Sarah auf der Bühne stirbt, dann verwandelt sie auch noch den zynischsten Pariser Theaterkritiker in einen begeistert schmachtenden Jüngling.
Jetzt will Amerika Sarah Bernhardt sterben sehen. Ein eigenes Ensemble wird zusammengestellt und ein Programm mit acht Tragödien: acht verschiedene Arten, Sarah sterben zu sehn. Niemand wird es verwundern, daß auf der Überfahrt nach New York das Schiff in einen fürchterlichen Orkan gerät und eigentlich nur deshalb nicht untergeht, weil Sarah vierundzwanzig Stunden lang auf der Kommandobrücke an der Seite des Kapitäns ausharrt. Ihre Gastspielreise quer durch die Vereinigten Staaten im Sonderzug – im «Sarah Bernhardt Special» – wäre ein einziger Triumphzug, passierte ihr nicht in Boston die Geschichte mit dem Walfisch.
Ein Fischer namens Mister Smith hat einen Riesenwalfisch gefangen. Sarah, die Abenteuerlustige, läßt sich auf den Rücken des Ungetüms locken. Am folgenden Tag bringen alle amerikanischen Zeitungen die Zeichnung mit dem Bildtext: «Das Wunder Frankreichs besichtigt das Wunder der Ozeane.» Jetzt hat Mister Smith die Geschäftsidee seines Lebens. Er

läßt ein Plakat drucken: «Niemand versäume den Riesenwal zu besichtigen, eigenhändig getötet von Sarah Bernhardt; das Fischbein wird verwendet für das Korsett der Künstlerin.» Wo immer Sarah Bernhardt mit ihren Tragödien quer durch Amerika auftritt, das Zirkuszelt mit dem Walfisch ist auch schon da. Das Ungeheuer stinkt zum Schluß wie die Pest, aber Mister Smith genügt es, daß Geld nicht stinkt.

Daß sich Sarah Bernhardt über den Walfisch so furchtbar aufgeregt hat, ist deshalb schwer verständlich, weil sie selber seit Jahren einen ganzen Privatzoo mit sich führt. Da sind der Riesenpapagei und der Puma, die zusammen den Schriftsteller Alexandre Dumas furchtbar zerkratzt und zerbissen haben; da ist der Affe, den sie «Darwin» getauft hat, da ist ein Minikrokodil, und da ist die Riesenschlange vom Typ Boa Constrictor, die eigenartigerweise niemals aus dem Winterschlaf erwacht und Sarah deshalb als Fußschemel dient.

Um nun aber endlich dem stinkenden Walfisch zu entkommen, macht Sarah einen Abstecher ins winterliche Kanada. Montréal schenkt ihr das einzige, was ihr Paris bisher noch verweigert hat: die nationale Apotheose. Auf dem Bahnhof empfängt sie eine unabsehbare Menschenmenge mit dem Gesang der Marseillaise.

Dann tritt ein Dichter vor sie hin:

«Sei uns gegrüßt, Sarah Bernhardt, du edle Doña Sol!
Du kommst zu uns wie eine Heißerflehte.
Das Herz, es schlägt uns zum Zerspringen voll,
Dich hier zu sehn, wo Frankreichs Fahne wehte.
Und aller Augen glühn vor Freud' und Wonne,
Dich zu begrüßen – Frankreichs Ruhm und Sonne!»

Und aus unzähligen französisch-kanadischen Kehlen braust der Ruf «Vive la France!» Dabei ist es zweiundzwanzig Grad unter Null. Doch wo immer sie in den folgenden Jahren und Jahrzehnten auftritt: in London, in Moskau, in Rio, in San Francisco, in Sydney, in Honolulu, in Istanbul, in Buenos Aires, in Zürich, in Budapest: sie stirbt auf der Bühne als größte Tragödin der Welt – ihre Auferstehung aber feiert sie als lebendige Verkörperung von Frankreichs nationaler Glorie. Man empfängt sie mit der Marseillaise, man verabschiedet sie mit der Marseillaise, und auf allen Kontinenten weht um sie ein Wald von Trikoloren.
Siebzig Jahre alt ist Sarah Bernhardt, als 1914 der Erste Weltkrieg ausbricht. Aber noch immer ist sie eine Schauspielerin, die auf der Bühne ebenso triumphiert wie jetzt mit den ersten Stummfilmen in den Kinos. 1915 freilich muß ihr ein Bein amputiert werden. Da die Franzosen in diesen Dingen etwas frivoler sind als wir, spekuliert ganz Paris, wie das wohl sein wird: Sarah mit einem Holzbein. Aber die Spötter verrechnen

sich alle. Sarah wählt das einzige Hilfsmittel, das zu ihr paßt: sie läßt sich eine triumphale Sänfte bauen. In dieser Sänfte wird sie über die Schlachtfelder Lothringens getragen, eine greise Jungfrau von Orléans, die immer neu die Liebe zum Vaterland entflammt.
26. März 1923: Frankreichs größte Schauspielerin, Frankreichs glühendste Patriotin liegt im Sterben. Ein letztes Mal denkt Sarah Bernhardt zurück; an ihre Mutter, die kleine Putzfrau von Berlin, die große Kurtisane von Paris, an die Barmherzigen Schwestern im Kloster von Versailles, an die Ohrfeige in der Comédie-Française. An ihren Sarg aus Rosenholz denkt sie und an die lange Reihe ihrer Liebhaber, zu denen einige der schönsten und geistreichsten Männer Frankreichs gehört haben. Sie denkt an die unzähligen Bühnen auf allen Kontinenten, wo sie gefeiert worden ist wie keine. Und über das Gesicht der sterbenden Tragödin huscht ein Lächeln des Triumphs: Denn es gibt nur eines, was noch faszinierender gewesen ist als Sarah Bernhardts Spiel vom Tod: Sarah Bernhardts Leben.

7. Stück

König Heinrich und die Füße der Maria Medici

Worin wir lernen,
was eine Vernunftehe ist

In einem schwülen Badehaus in Savoyen sitzt König Heinrich IV. von Frankreich, läßt sich von einer jungen Savoyardin den Rücken striegeln und denkt nach über die Vergänglichkeit der Welt.

Wir sind im Jahre 1600, und König Heinrich ist siebenundvierzig Jahre alt, das heißt, für damalige Verhältnisse, ein hochbetagter Zittergreis. Verschrumpelt wie ein alter Boskop-Apfel ist sein königliches Gesicht. Hinter dem sagenumwobenen weißen Bart verbirgt sich ein eingefallener zahnloser Mund. Und ach, das Kreuz! Drum hat er ja diesen Feldzug nach Savoyen unternommen. Natürlich führt er hier nebenbei schon ein bißchen Krieg. Hauptsächlich aber sitzt er in den berühmten savoyardischen Badehäusern herum und sucht in allen möglichen Schwaden und Schwefeldämpfen Linderung von den Gebrechen des Alters.

Noch etwas anderes zieht den König von Frankreich in die savoyardischen Badehäuser. Da wird nämlich nicht bloß gebadet. Und mit seinen siebenundvierzig

Jahren ist Heinrich IV. nicht nur ein Greis, sondern dazu auch noch ein törichter Greis. Ganz Frankreich weiß es: Alle zwei, drei Tage braucht der König eine andere Frau. Zwar ist seine Ehe mit Marguerite de Valois unfruchtbar geblieben, und der Papst hat sie deshalb soeben geschieden. Aber so unabsehbar ist die Zahl seiner unehelichen Kinder, daß er sich gezwungen gesehen hat, für ihre standesgemäße Erziehung das Schloß Saint-Germain in eine Art königlichen Privatkindergarten zu verwandeln. Niemand in Frankreich nimmt ihm das übel, und König Heinrich legt auch den größten Wert darauf, jedes seiner Liebesabenteuer bis ins Detail im Volk bekanntzumachen. Denn da er ein törichter Greis ist, liegt ihm unendlich viel daran, als ewiger Jüngling zu gelten.
So sitzt der törichte König Heinrich ahnungslos in seinem savoyardischen Bad, als mit einem Mal sein treuer Kammerdiener durch die Dampfschwaden hereingetappt kommt. Hinter ihm her tappt ein reitender Bote mit der Meldung, des Königs neue Gemahlin, Prinzessin Maria Medici aus Florenz, sei etwas früher als erwartet in Marseille gelandet – mit einem Gefolge von siebentausend florentinischen Höflingen und Dienern. Vor Schreck fällt König Heinrich fast aus dem Zuber: Siebentausend Italiener – das ist kein Hochzeitszug, das ist eine Invasion!
Eines seiner schönsten Schiffe hatte König Heinrich nach Livorno geschickt, um die künftige Königin von

Frankreich standesgemäß abzuholen. Angekommen aber ist sie in Marseille an der Spitze einer gewaltigen Armada mit achtzehn Galeeren und zehntausend Mann Besatzung. Weit hinten am Schluß fährt das schäbige Schifflein des Königs von Frankreich, sie selber thront vorneweg auf einem der kostbarsten Schiffe, das je das Mittelmeer befahren hat: vom Bug bis zum Heck, außen und innen ist das Schiff fugenlos mit Edelsteinen und Perlen besetzt.
Schon im Hafen von Marseille kommt es zu wilden Schlägereien zwischen dem riesigen Schwarm italienischer Höflinge, der die Prinzessin begleitet, und der entsetzten französischen Bevölkerung. Dann läßt sich Maria Medici stracks nach Avignon kutschieren, in die Domäne des Papstes, um dort den Jesuitenpatres ihre Aufwartung zu machen – ausgerechnet den Jesuiten, die Heinrich IV. verzweifelt aus Frankreich fernzuhalten sucht, um einen neuen Bürgerkrieg zwischen Protestanten und Katholiken zu vermeiden. Jetzt hat sie mit ihren siebentausend Italienern zum allgemeinen Schrecken der Franzosen einen Triumphzug von Avignon nach Paris angetreten.
Je mehr der Bote aus Marseille erzählt, desto schwüler wird's dem König von Frankreich in seinem Zuber. Gewiß, der Onkel dieser Maria Medici, Großherzog Ferdinand von der Toskana, ist einer der reichsten Bankiers jener Zeit; er hat eine Mitgift von siebenhunderttausend Talern zugesagt, und König Heinrich

braucht das Geld dringend, um die französischen Staatsfinanzen nach all den Bürgerkriegen zu sanieren. Gewiß hat Großherzog Ferdinand ihm auch versichern lassen, seine Nichte Maria habe flämische Vorfahren, sie sei somit sehr fruchtbar – und einen Dauphin braucht Heinrich IV. so dringend wie die siebenhunderttausend Taler. Ganz gewiß auch haben die florentinischen Diplomaten bei den Heiratsverhandlungen in Paris dem König ein Ölgemälde mit den unverhüllten Reizen der Prinzessin gezeigt; sie haben dem törichten Greis Henri geschmeichelt, er heirate die schönste Frau Europas.

Aber ist denn eigentlich Verlaß auf florentinische Diplomaten? Sind es nicht florentinische Diplomaten gewesen, die ein paar Jahrzehnte zuvor eine andere Medicäerin auf den französischen Thron gehoben haben: Heinrichs blutige Schwiegermutter Katharina, die Schlächterin der französischen Protestanten in der Bartholomäusnacht. So blind wütet noch immer der konfessionelle Fanatismus, den diese erste Medicäerin nach Frankreich getragen hat, daß Heinrich selbst vor sieben Jahren zum Glauben der katholischen Mehrheit übertreten mußte, um sich als König von Frankreich behaupten zu können. Aber im Herzen ist Heinrich IV. noch immer Protestant. Was wird die zweite Medicäerin hindern, das ganze komplizierte Gleichgewicht der französischen Innenpolitik erneut zu zerstören?

Bei diesem Gedanken schickt der gute König Heinrich seine Masseuse zum Teufel. Er ruft nach seinem Hemd. Der König von Frankreich ruft nach seiner Hose. Nach seinem Diener ruft er und nach seinem Pferd. Noch diese Nacht will König Heinrich seiner künftigen Gemahlin nach Lyon entgegenreiten.
Der Bischof von Lyon hat später einmal gesagt, in seinem ganzen Leben habe er nichts Merkwürdigeres erlebt als jenes festliche Abendessen, das er zu Ehren von Maria Medici bei ihrer Durchreise von Marseille nach Paris gegeben habe. Mit den Merkwürdigkeiten begann es schon in der Nacht zuvor.
Zuerst glaubt der Bischof, er habe den Verstand verloren, als es um Mitternacht leise an seine Tür klopft und kein geringerer Einlaß begehrt als Seine Majestät der König von Frankreich. Noch ganz verschwitzt vom Ritt aus dem Gebirge eröffnet König Heinrich dem Bischof, er habe beschlossen, seine künftige Gemahlin noch vor der Hochzeitsnacht einen ganzen Abend lang unerkannt zu beobachten. Zu diesem Zweck wolle er sich morgen abend, während des festlichen Abendessens, in der Galerie über dem Speisesaal hinter einem Vorhang versteckthalten.
Der Bischof von Lyon weiß gar nicht, was er sagen soll. Schließlich läßt er in priesterlicher Milde die Bemerkung fallen, wir würden wohl alle – ohne Ausnahme – langsam ein bißchen alt. Erst als der König jähzornig wird, weckt der Bischof mit einem priesterli-

chen Seufzer seine Diener. Noch in selbiger Nacht bringen sie auf der Galerie über dem Speisesaal des Bischofspalastes von Lyon einen großen Vorhang an. Da oben steht jetzt König Heinrich, schiebt seinen legendären weißen Bart durch eine Falte des schwarzen Vorhangs und starrt hinab in den Speisesaal. Dort unten bemüht sich derweil der Bischof um Konversation mit der Prinzessin aus Florenz. Leicht ist das nicht, denn Frankreichs künftige Königin spricht kein Wort Französisch. Eine ihrer Hofdamen, Eleonore Galigai, erklärt dem Bischof, Französisch gelte zurzeit in Italien als Sprache Calvins, als Sprache der Genfer, als Sprache der Ketzer. Deshalb habe sich Maria Medici als überzeugte Katholikin bisher standhaft geweigert, auch nur ein Wort Französisch zu lernen. Der Bischof von Lyon weiß gar nicht, was er dazu sagen soll. Er wirft einen verzweifelten Blick hinauf zum Vorhang. Dort ist inzwischen nur noch die Spitze des weißen Bartes zu sehen. Mit dem Kopf lehnt König Heinrich fassungslos an der Brust seines Freundes, des Herzogs von Sully. «Die Füße!» stöhnt der König, «Sully, hast du ihre Füße gesehen?»
Der Herzog von Sully weiß auch nicht, was er sagen soll: Maria Medici hat Füße wie Kuchenteller. Aus lauter Verlegenheit sagt der Herzog etwas über die flämischen Vorfahren der Prinzessin. «Vielleicht», so tröstet er den König, «vielleicht haben in Flandern alle Leute so große Füße.»

Unten im Speisesaal nimmt inzwischen die Konversation ihren mühseligen Fortgang. Der Bischof von Lyon heuchelt Bewunderung für Paris, die Hauptstadt des Reiches, für deren Schönheit und Pracht der gute König Heinrich so viel getan habe. Die Medicäerin rührt das nicht. Nach allem, was sie in Florenz gehört habe, sei Paris schauderhaft provinziell. Ein richtiges Drecknest sei Paris, jedenfalls verglichen mit italienischen Städten. Drum habe sie ja auch ihre siebentausend Italiener mitgebracht: um ein bißchen italienische Lebensart nach Paris zu bringen, ein bißchen italienische Sauberkeit, ein bißchen italienische Ordnung.
Der Bischof von Lyon weiß gar nicht, was er dazu sagen soll. Verzweifelt blickt er hinauf zum Vorhang. Aber oben auf der Galerie lehnt König Heinrich genauso verzweifelt an der Brust seines Freundes. «Was für ein Hintern!» stöhnt der König, «Sully, hast du ihren Hintern gesehn?» Was soll der Duc de Sully dazu sagen? Maria Medici hat in der Tat die Körpermaße eines Dragonerweibs. Sie ist größer als der König, und alle ihre Glieder sind von so fettiger Überfülle, daß sie ein paar Jahre später den flämischen Maler Rubens zu einigen seiner schönsten Bildern inspirieren wird. «Wahrscheinlich», tröstet Sully den König, «wahrscheinlich haben in Flandern alle Frauen einen solchen Hintern.»
Unten im Speisesaal versucht derweil der Bischof von

Lyon, sich als Mann von Welt zu geben. Der König, so erzählt er Maria Medici, sei nicht nur ein Held der Schlachten, sondern auch ein Held der Liebe. Dazu zwinkert der Bischof mit dem linken Auge. Die Mediċerin läßt das ungerührt. Auch sie, antwortet sie dem Bischof ganz trocken, denke in den Dingen der Liebe sehr liberal. Und mit einer Handbewegung weist sie hin auf den ganzen Schwarm schmalhüftiger junger Italiener, die sie sich eigens aus Florenz mitgebracht hat. Der Bischof von Lyon weiß nicht mehr, was er dazu sagen soll. Verzweifelt blickt er hinauf zum Vorhang.

«Sully», seufzt dort oben König Heinrich, «Sully, das Datum, das Geburtsdatum!» 1583, so haben die florentinischen Diplomaten bei den Heiratsverhandlungen behauptet, sei Maria Medici geboren. Das heißt: sie wäre jetzt siebzehn. Ein Blick hinab in den Speisesaal genügt, um zu sehen, daß das nicht stimmen kann. In Wirklichkeit ist Maria Medici genau zehn Jahre älter. Mit ihren siebenundzwanzig Jahren ist sie für damalige Verhältnisse längst im Matronenalter. Und wie eine Matrone blickt sie auch in die Welt: über einem wülstigen Doppelkinn ein saurer Mund, darüber eine stumpfe Nase, große, runde, rotumränderte Augen – und ihr Blick ist der Blick einer Kuh.

«Die Italiener!» seufzt König Heinrich, «wie haben mich die Italiener belogen!»

Unten im Saal versucht derweil der Bischof sein Heil

in der Außenpolitik. Was er am meisten an König Heinrich bewundere, sei die Bündnispolitik gegen Österreich und gegen Spanien. Diese Allianz mit den deutschen Protestanten zum Beispiel oder diese Allianz mit den Türken, das sei doch gewiß die sicherste Garantie für Frankreichs künftige Weltmachtrolle.

«Im Gegenteil», sagt Maria Medici, «ganz im Gegenteil.» Ein katholischer Fürst solle sich schämen, mit den Protestanten und mit den Türken zusammenzuarbeiten. Sobald sie selber die Zügel in Paris in der Hand habe, werde sie die ganze französische Außenpolitik umkehren und für ein Bündnis mit Österreich und mit Spanien sorgen. Vor allem die spanisch-französische Freundschaft, das sei das sichere Fundament, um ganz Europa wieder katholisch zu machen und alle Ketzer dieses Kontinents auf den verdienten Scheiterhaufen zu bringen.

«Ja», sagt der Bischof von Lyon. Und blickt hinauf zum Vorhang.

Dort oben ist inzwischen auch der Herzog von Sully mit seinem Latein am Ende. «Majestät», versucht er zu trösten, «sie ist halt eine Flämin. Es ist doch keine Sünde, eine Flämin zu sein!»

Jetzt überkommt König Heinrich der Jähzorn der Greise. «Es ist keine Sünde, eine Flämin zu sein», schreit er erregt, «aber es ist ein ganz großes Unglück!» Und dazu stampft der König mit dem Fuß so wild auf der Galerie herum, daß die mühselige Kon-

versation unten im Saal jäh verstummt. Ohnehin wissen die französischen Diener inzwischen, wem der weiße Bart im Vorhang auf der Galerie gehört. Jetzt haben es auch die italienischen Gäste erraten.
In diesem schwierigsten Augenblick seines Lebens erweist sich der Bischof von Lyon als Mann der Vorsehung. Mit der einen Hand hebt er feierlich das Glas, mit der andern weist er prophetisch hinauf zum Vorhang. Und beschwörend ruft er hinein in den Saal: «Vive le Roi!»
«Es lebe der König!» hallt es donnernd von allen Seiten wider. Entsetzt fährt König Heinrichs Bart hinter den Vorhang zurück: «Sully, wir sind verraten! Sully, was soll ich tun?» – «Flucht nach vorn!» zischelt der Herzog. «Im Zweifelsfalle immer Flucht nach vorn!»
Jetzt reißt König Heinrich IV. mit einer majestätischen Gebärde den Vorhang zur Seite. Mit ausgebreiteten Armen nimmt er den Applaus seiner Untertanen entgegen. Dann schreitet er königlich die Stufen zum Festsaal hinab. «Der alte Haudegen!» denken die Männer. «Der alte Frauenheld!» denken die Weiber. «Unser ewig junger König!» denken alle. Und lachend tritt Heinrich IV. vor Maria Medici, um jene historischen Worte zu sprechen, die in allen Schulbüchern stehn: «Madame: Ich bin der König. Um euch zu sehn, bin ich die ganze Nacht geritten und hab' kein Bett mit mir gebracht. Ich bitte euch, das eure heute Nacht mit mir zu teilen!»

8. Stück

Aufstieg und Fall eines Berner Artilleristen

Worin wir lernen,
was welsche Treue ist und deutsche Tücke

Wenn Kaiser Napoleon III. am Hof in Paris Witze erzählen will, dann sucht er sich jemanden, der Deutsch versteht, wenn möglich Schwyzerdütsch. Auf französisch mißlingen dem Kaiser von Frankreich regelmäßig die Pointen.

Seinem großen korsischen Namen zum Trotz ist nämlich Napoleon III. ein waschechter Schweizer gewesen. Als richtiger Schweizer Bub wächst er unter lauter Schweizer Buben in Arenenberg am Bodensee im Kanton Thurgau auf. Seine französische Mutter, die Gattin von Napoleons Bruder Louis, kümmert sich überhaupt nicht um seine Erziehung. Schwyzerdütsch lernt er in Arenenberg unvergleichlich besser als Französisch. Auf dem Gymnasium in Augsburg kommt das Hochdeutsche hinzu. Und wie er dann zum Jungmann heranwächst, hat der künftige Napoleon III. nur einen sehnlichen Wunsch: Er will, wie alle seine Freunde, ein richtiger Schweizer Soldat werden. Das ist er auch geworden. Bei der Berner Artillerie hat Napoleon III. wie jeder rechte Schweizer Rekrut den

ganzen Tag Kanonen geputzt und abends beim Schöppli die schönen alten preußischen Kriegslieder gesungen, die die schweizerische Armee mit besonderer Sorgfalt pflegt: «Die blauen Dragoner, sie reiten…» 1836 veröffentlicht er in Zürich in deutscher Sprache ein Jugendwerk: das Buch ist ein einziger Lobgesang auf die eidgenössische Artillerie.
Nur eines mißfällt dem Eidgenossen Louis Napoleon Bonaparte an der Eidgenossenschaft: daß nämlich in diesem Lande so etwas wie eine Karriere als «Staatsmann» nicht möglich ist. Und so beginnt denn auch dieser Sohn der Alpen nach einem andern Lande Ausschau zu halten, wo ein großer und starker Mann gebraucht wird. Erst fädelt er mit an einem Aufstand in Polen, um König von Polen zu werden. Dann versucht er einen Flirt mit der jungen Königin von Portugal. Dann bietet er sich in Rio de Janeiro als Kaiser von Brasilien an. 1836 versucht er einen ersten kleinen Staatsstreich in Frankreich, und zwar von Straßburg aus. Aber ein Straßburger Magistrat, Monsieur de Kentziger, verhaftet ihn mit den Worten: «Wo kommen wir eigentlich hin, wenn wir es zulassen, daß die Berner Artillerie in ganz Europa Staatsstreiche veranstaltet?»
Zweiundzwanzig Jahre nach dem Sturz Napoleons I. ist die Zeit halt noch nicht reif für einen neuen starken Mann. Sie wird es aber werden. Und mit einem Mal, nach der Revolution von 1848, geht alles ganz schnell.

Binnen weniger Monate zieht Louis Napoleon Bonaparte die Hoffnung all derer auf sich, die sich von einem starken Mann ein Ende des ständigen politischen Durcheinanders in Frankreich erhoffen. Sehr interessant ist sein politisches Programm: Es kombiniert nationalistische Parolen mit einem vagen Gewurschtel von sozialen Verheißungen und kündigt so, ganz deutlich schon, die Phrasen des 20. Jahrhunderts an. Und da Diktatoren immer Wert darauf legen, auf legalem Wege an die Macht zu kommen, wird Louis Napoleon Bonaparte am 20. Dezember 1848 vom französischen Volk mit überwältigender Mehrheit zum Präsidenten der Zweiten Republik gewählt. Etwas weniger legal entledigt er sich dann am 2. Dezember 1851 des Parlaments und läßt bei der Gelegenheit auch sechsundzwanzigtausend politische Gegner verhaften und ein paar hundert von ihnen gleich erschießen. Genau ein Jahr später proklamiert er sich als Napoleon III. zum Kaiser von Frankreich.
Alles an dieser Monarchie ist unseriös. Als unehelicher Sohn von Hortense de Beauharnais ist Napoleon III. mit Napoleon I., auf den er sich beruft, überhaupt nicht blutsverwandt. Sein Hof ist nichts als eine peinlich zusammengewürfelte Clique von Abenteurern, Geschäftemachern und Parvenüs. Er selbst, der Kaiser von Frankreich, ist nach wie vor Staatsbürger der Schweizerischen Eidgenossenschaft.
Nun pflegt jede Zeit genau die Kunst zu entwickeln,

die sie mit ihrer politischen Ordnung verdient. Kaum hat Napoleon III. sein unseriöses Regime in Paris etabliert, so entsteht in der französischen Hauptstadt eine neue Kunstform, die ihm stilistisch entspricht. Aus der seriösen alten Oper wird die unseriöse Oper: die Operette.

Jacques Offenbachs Operette «Orpheus in der Unterwelt» parodiert den kaiserlichen Hof mit der Geschichte von einem völlig korrupten Olymp. Die Clique der Götter hält sich mit lauter Schwindeleien an der Macht. Jupiter selbst kommt freilich gar nicht recht zum Regieren. Er ist voll damit beschäftigt, hinter den Weibern herzulaufen.

Vielleicht ist es ganz gut für Frankreich, daß Napoleon III. die zwei Jahrzehnte seiner Herrschaft in der Tat hauptsächlich mit Weibergeschichten verbringt. Schon vor der Machtergreifung hat sein eidgenössischer Charme zahlreiche Frauen auf schwer erklärbare Weise fasziniert.

Jetzt entwickelt sich am Hof ein ganzer Verwaltungszweig, «le service des femmes», der ausschließlich damit beschäftigt ist, die pausenlos wechselnden amourösen Bedürfnisse seiner Majestät zu befriedigen. Keine Ehefrau der gehobenen Pariser Gesellschaft ist vor dem kaiserlichen Don Juan sicher. Freilich: Die meisten Ehemänner sind unerhört stolz, wenn sich die kaiserliche Gunst zwischendurch auch einmal ihrer Gattin zuwendet. Der Graf De Castiglione, dem das mehrfach widerfährt, scherzt sogar: «Ich bin der denkbar beste Ehemann: Ich sehe und höre überhaupt nichts.»

Etwas mehr sieht und hört die Kaiserin Eugénie. Offenbach hat sie dargestellt als Jupiters von Eifersucht verzehrte Gattin Juno. Das ist ein bißchen übertrieben. Am Anfang, gewiß, hat sie gelegentlich sehr temperamentvoll protestiert. Der Kaiser stand dann verdattert vor ihr wie ein kleiner Junge und sog hilflos an einer Zigarette. Aber später hat sie's aufgegeben. Einmal seufzt sie sogar: «Le pauvre Empereur! Der arme Kaiser! Er hat so viele Sorgen! Da braucht er eben diese kleinen Amüsements!»

Es ist mit Napoleon III. wie mit fast allen Großen der Geschichte: Sympathisch wird auch er erst in der Niederlage.

In der Mitte des letzten Jahrhunderts, als Napoleon III. die Macht antritt, ist die französische öffentliche Meinung in einem Maße, das wir uns heute gar nicht mehr vorstellen können, getragen von der begeisterten Freundschaft für Deutschland und die Deutschen. Das ändert sich erst 1866 nach dem preußischen Sieg über Österreich bei Sadowa. Jetzt erwacht die Angst vor den Deutschen.

Es ist das Verhängnis Kaiser Napoleons III., daß er, obwohl selbst mit nationalistischen Parolen an die Macht gekommen, diesen Wandel im französischen Bewußtsein nicht mitmachen will.

Denn, aufgewachsen in der deutschen Schweiz und in Deutschland, hat Napoleon III. eine blinde Sympathie für alles Deutsche. Deutsch bleibt die Sprache, in der er denkt. Und während Bismarck in Berlin bereits von Blut und Eisen tönt, reist er, der Kaiser von Frankreich, durchs französische Elsaß und hält überall deutsche Ansprachen, in denen er die Elsäßer auffordert, der deutschen Sprache treu zu bleiben.
In seiner fast blinden Sympathie für Deutschland hat der Kaiser in Paris den Deutsch-Französischen Krieg bis zuletzt verhindern wollen: gegen die hysterische Kriegsbegeisterung der Pariser Bevölkerung, gegen seine Minister, vor allem gegen seine Frau, die Kaiserin Eugénie, von der das Wort überliefert ist: «C'est ma guerre – dies ist mein Krieg.»
Es ist in Wirklichkeit Bismarcks Krieg. In seiner Skrupellosigkeit fällt es dem preußischen Kanzler nicht schwer, mit der Provokation von Ems den französischen Kaiser zu einem Krieg zu zwingen, in dem er Thron und Glück verlieren wird. Das Spiel von welscher Treue und von deutscher Tücke endet auf dem Schlachtfeld von Sedan.

9. Stück

Filippo Neri und das Wort zum Sonntag

Worin wir lernen,
wie man die Katholische Kirche erfolgreich
unterwandert

Was ist ein Heiliger? Der englische Schriftsteller Graham Greene hat einmal gesagt, in der Katholischen Kirche herrsche heute eine Idee von Heiligkeit, die habe der Teufel eigens erfunden, um die Leute vom Glauben abzuschrecken.
Damit wir nicht länger auf das Blendwerk des Teufels hereinfallen, möchte ich jetzt einen richtigen, einen echten Heiligen vorstellen. Ich erzähle die Geschichte vom heiligen Filippo Neri.
Zuerst, damit wir das hinter uns haben, die historischen Daten: Der heilige Filippo ist 1515 in Florenz geboren, er ist achtzig Jahre alt geworden und 1595 in der Stadt gestorben, in der er fast sein ganzes Leben verbracht hat: in Rom. Heiliggesprochen wurde er im Jahre 1622. Und es war dies eine Heiligsprechung, bei der nun wirklich einmal der Herrgott selbst nachgeholfen hat. Denn es kamen während des Heiligsprechungsprozesses Dinge an den Tag, die normalerweise in der Kirche Gottes nicht zur Ehre der Altäre führen. Eine ganze Reihe von Zeugen bestätigten zwei-

felsfrei, daß dieser Heilige erstens in völlig ungeordneten finanziellen Verhältnissen gelebt hat, daß es zweitens seine Lieblingsbeschäftigung war, katholische Gottesdienste zu stören, und daß er drittens nichts so oft und überaus gern gelesen hat wie unseriöse Literatur.

Mit der unseriösen Literatur war das so: Als junger Mann war Filippo aus Florenz nach Rom gekommen. Da er keinem geregelten Beruf nachging, lebte er in einer winzigen Dachkammer, die dadurch noch kleiner wurde, daß er quer durch das Zimmer eine Leine spannte und daran seine Wäsche aufhängte; auf diese Weise, behauptete er, habe er eine Zweizimmerwohnung wie die vornehmen Junggesellen. Wenn Filippo nun in seiner Dachkammer Besuch empfing – und er hatte oft Besuch, denn er war ein sehr geistreicher und geselliger Mensch – saß er gewöhnlich hinter seiner Wäscheleine auf dem Bettrand, ließ die Füße herunterbaumeln und quietschte vor Lachen: Denn er las die Romane von Piovano Arlotto. Arlotto schrieb die spannendsten und witzigsten Unterhaltungsbücher jener Zeit. Verständlich, daß sie vom Klerus als Lektüre gar nicht empfohlen wurden. Darauf angesprochen, pflegte der heilige Filippo Neri zu erwidern: «Arlottos Romane sind zwar nicht sehr tiefsinnig. Aber sie sind wenigstens lustig, sie sind spannend, sie sind unterhaltsam. Wenn ich dagegen an die religiöse Literatur denke, wie langweilig die ist. Und wenn ich gar an das denke, was von unseren Kanzeln herab gepredigt wird!»

Unter der Ödheit des kirchlichen Verkündigungsstils litt der heilige Filippo Neri aber um so mehr, als er sehr fromm war und täglich in die Kirche lief. Allerdings vertrat er die Ansicht, daß der Klerus nicht allein schuld sei an den schlechten Predigten. Die Leute selber seien auch schuld daran, weil sie sich die fromme Langeweile jahraus, jahrein gefallen ließen, ohne zu protestieren. Nötig sei eine Art umgekehrte Volksmission, das heißt eine Aktion des Volkes, um den Klerus zu zwingen, spannender zu predigen.

Da er niemanden fand, der die Courage hatte, dabei mitzumachen, entschloß sich der heilige Filippo Neri zu einer Ein-Mann-Aktion. Jeden Sonntag setzte er sich in eine andere Kirche Roms. Sobald der da oben auf der Kanzel anfing, langweilig zu salbadern, fiel er ihm laut ins Wort. Es waren Zwischenrufe ohne alle bösartige Aggressivität, aber so geistreich, daß sich schon nach wenigen Minuten die ganze Kirche vor Lachen bog.

Der Erfolg dieser Ein-Mann-Aktion war beträchtlich. In ganz Rom begannen die Pfarrer, ihre Predigt möglichst spannend und unterhaltsam zu gestalten, aus lauter Angst, der heilige Filippo Neri könnte vielleicht gerade an diesem Sonntag in ihrer Kirche auftauchen. Tauchte er dann wirklich auf, so waren sie natürlich schrecklich beleidigt, liefen, einer nach dem andern, zur Heiligen Inquisition und verlangten, man möge Herrn Neri umgehend verbrennen. Aber die zuständigen Beamten zuckten nur die Schultern: «Wir können eher den Papst verbrennen als Filippo Neri. Der ist doch ein stadtbekanntes, allgemein beliebtes Original!»

Nun ist es allerdings dem evangelischen Theologen Walter Nigg aufgefallen, daß für diese Sorte Originalität ein anderer mit dem Tod gebüßt hat: Sokrates im alten Athen. Ausgerechnet aber im katholischen Rom ist der heilige Filippo Neri mit dem Leben davongekommen. Wieso denn das?

Einmal ist Filippo, alles in allem, ein wesentlich liebenswürdigerer Mensch gewesen als Sokrates. Zum andern hat er profitiert von jenem heimlichen Gesetz der Langeweile in der Kirche, von dem Heinrich Böll einmal gesprochen hat. Böll stellte sich die Frage, warum sich das kirchliche Milieu eigentlich ständig mit ihm beschäftige, wo es doch gar nichts von ihm halte. Seine Antwort: Es ist im kirchlichen Milieu so langweilig, daß man dort froh ist um jede Unterhaltung, und sei es bloßer Ärger.

So konnte es sich Filippo Neri nach dem Erfolg seiner Predigt-Störaktion leisten, noch einen Schritt weiter zu gehen. Er gründete eine Art Ein-Mann-Kabarett. In den seltsamsten Verkleidungen trat er jetzt auf den Straßen und Plätzen Roms auf, um sich über die Zustände in der Katholischen Kirche lustig zu machen.

Am häufigsten trug er eine karnevalistisch verfremdete Kardinalsrobe und machte Witze über den päpstlichen Hof. Seine Auftritte waren so umwerfend komisch, daß die Kardinäle selbst herbeiliefen, um ja nichts zu verpassen.

Trotzdem stellte man sich natürlich im Vatikan immer drängender die Frage, was mit einem solchen Mann auf die Dauer zu geschehen habe. Verbrennen konnte man ihn nicht. Auch ohne dies erregte er schon genug Aufsehen. Also verfiel man auf eine Idee, die nicht so ungewöhnlich ist, wie es auf den ersten Blick scheint. In den politischen Parteien der Bundesrepublik geschieht bisweilen ähnliches. Man beschloß, den unbequemen Außenseiter in die bestehenden Verhältnisse einzubauen, das heißt in diesem Falle: ihn in den Klerus aufzunehmen.

Man redete also endlos auf seinen Beichtvater ein, sein Beichtvater wiederum redete auf ihn ein, und endlich war es soweit: 1551 fand die ungewöhnliche Priesterweihe statt.

Ist der heilige Filippo Neri in der Soutane ein ernsthafter Mensch geworden? Ja und nein. Sein Gesprächsstil blieb genauso verblüffend wie vorher. Das Ein-Mann-Kabarett auf den Straßen Roms funktionierte weiter – nur war es jetzt ein Kabarett in der Soutane. Gleichzeitig sammelte Filippo jetzt ein paar Leute um sich, die seine Ansicht teilten, daß man über die komischen Verhältnisse in der Kirche nicht nur lachen, sondern auch etwas dagegen tun sollte. Nicht daß er jetzt einen Orden gegründet hätte. Das fand er viel zu steif und stur. Die Wohngemeinschaft für Priester und Laien, die er an der Kirche San Girolamo della Carità gründete, das spätere «Oratorium», war ein völlig zwangloser Zusammenschluß für Leute mit ähnlichen religiösen Interessen. Einmalig in der Geschichte der Katholischen Kirche: im Oratorium konnte jeder jederzeit wieder gehen, ohne daß man ihm böse war.

Die religiösen Anstöße, die vom Oratorium ausgingen, sind bis auf den heutigen Tag neu. Filippo Neri vertrat die Ansicht, die Sünde sei nicht eine Art Schuld. Vielmehr sei sie ein Unglück, ein Schaden, in den ein Mensch gerät oder den er sich selber zufügt. Folglich sei es Unsinn, einem Sünder auch noch eine Strafe oder eine Buße für seine Sünde aufzuerlegen. Er sei ja durch die Sünde selbst gestraft genug. Aufgabe des Priesters im Beichtstuhl sei es deshalb nicht, die Leute noch tiefer in die Depression hineinzustoßen. Im Gegenteil: Das Wichtigste im Beichtstuhl sei es, die Leute aufzuheitern. Er selber pflegte die Sünder schon mit möglichst guter Laune zu empfangen, etwa mit dem Spruch: «Sprich dich aus, gequälte Seele!» Später hängte er über seinen Beichtstuhl den Spruch: «Scrupoli, andate via da casa mia – Gewissensbisse, raus aus meinem Haus!»

Das ist mehr als Spaßmacherei. Filippo Neri war der

Ansicht, Gott sei nicht etwa eine starre, unveränderliche Institution, die drohend und böse auf die gequälte Menschheit herabstarre. Vielmehr sei Gott der innerste Quell des gesunden Lebens.
Seine besten Freunde hatte der heilige Filippo Neri allerdings nicht unter seinen Anhängern im Oratorium. Er hatte sie überhaupt nicht unter den Katholiken. Schon als junger Mann hat er sich nirgendwo so gerne aufgehalten wie unter den römischen Juden. Der jüdische Witz, die jüdische Fähigkeit, Außenseiter der Gesellschaft zu sein, das alles sprach ihn in seinem eigenen Charakter unmittelbar an. Als Priester hat er später, selbst unter Papst Pius V., der ein schrecklicher Antisemit war, sein Haus für jüdische Freunde weit offen gehalten. Nicht weil er die Juden bekehren wollte, das überließ er dem Herrgott, sondern weil er fand, im Gespräch mit diesen Leuten könne man nur lernen.
Aber ich habe etwas vergessen: die Wunder des heiligen Filippo Neri. Er war schon sehr alt, als Papst Leo XI. auf die närrische Idee verfiel, den heiligen Filippo Neri ständig zu sich in den Vatikan einzuladen. Filippo mochte nicht nein sagen. Gerade der Papst schien ihm ein Mensch, der in besonderem Maße der Aufheiterung bedürfe. Aber auf die Dauer empfand er die Gespräche im Vatikan doch als verlorene Zeit. Er erbat sich deshalb vom Herrgott die Gabe der Bilokation, das heißt, die wunderbare Fähigkeit, an zwei

verschiedenen Orten gleichzeitig anwesend zu sein. Fortan saß der heilige Filippo Neri, wenn er in den Vatikan mußte, zu gleicher Zeit mit seinen christlichen und jüdischen Freunden im Oratorium, genoß das Leben und machte Späße über Gott und die Welt.

10. Stück

Die Stunde, in der Neapel den Mund hielt

Worin wir lernen,
was für ein miserables Publikum wir sind

Viele sind berufen, wenige aber auserwählt. Im ärmsten Armenviertel von Neapel, in der Via San Giovanniello, gibt es unzählige kleine Jungs, und jeder hat eine Mamma, die ist fest davon überzeugt, daß an einem fernen Tage, wenn sie selbst schon eine alte Frau sein wird, ihr kleiner Junge kommen und seine Mamma mit Geld und mit Geschenken überhäufen wird. Denn dann wird er ein großer, ein berühmter Sänger sein.

Eine von den vielen Mammas in der Via San Giovanniello heißt Anna Caruso. Und mag auch manches für unser Empfinden seltsam sein am Verhältnis einer neapolitanischen Mutter zu ihrem Sohn, es besteht doch kein Grund, sich über Anna Caruso lustig zu machen. Siebzehn Kinder sind dieser Frau in Krankheit und Elend weggestorben. 1873 gebiert sie das achtzehnte Kind, das einzige, das überlebt: Enrico. Und es tut diese arme Frau jetzt, was unzählige Mütter im Armenviertel von Neapel vor ihr getan haben: Sie versetzt ihr letztes Hab und Gut, damit der kleine Enrico einen Gesangslehrer bekommt. Signor Ver-

gine nimmt das Geld gern. Aber von Enrico Caruso hält er nicht viel. «Der singt ja», spottet er, «wie der Wind, der durch die Fensterläden pfeift.»
Anna Caruso weiß es besser. Sie weiß, was jede Mamma in der Via San Giovanniello von ihrem Sohn weiß: Von Unzähligen, die berufen sind, wird er der einzige Auserwählte sein. In der Scala von Mailand wird er auf der Bühne stehen, den Rodolfo aus der Bohème wird er singen, und die Welt wird ihm zu Füßen liegen.
Anna Caruso stirbt, bevor ihr Sohn auch nur einen ersten Erfolg feiern kann. Noch singt er für ein Trinkgeld zu Messen und Maiandachten, er singt für Touristen am Strand und in Cafés. Keiner hört hin – es gibt viel zu viele junge Männer in Neapel, die für ein Trinkgeld singen.
Mit siebzehn beginnt für ihn die unerhört harte Schule der kleinen Provinztheater in Süditalien und auf Sizilien. Was er als junger Sänger dort erlebt, kann sich nur vorstellen, wer den Film «Roma» von Federico Fellini gesehen hat. Darin kommt eine Szene vor, die deutschen Kinobesuchern maßlos übertrieben scheint. Fellini zeigt aus seiner Jugendzeit ein kleines römisches Theater, in dem die Zuschauer im wahrsten Wortsinne an der Vorstellung teilnehmen. Lachend, schreiend, stampfend, weinend und spottend übertönt das Publikum mit seinem Kommentar sogar den Vorgang auf der Bühne. Und wehe, wenn ein Sänger

falsch singt. Dann zögert das Publikum keinen Augenblick, ihn eigenhändig von der Bühne zu werfen.
Das ist keine filmische Übertreibung. So ungeniert, so kritisch, so anspruchsvoll und spottlustig ging das nicht nur in römischen Theatern zu. Überall am Mittelmeer war das so. Sogar in Frankreich war noch vor einer Generation der höchste Triumph für einen Sänger nicht, in Paris Erfolg gehabt zu haben, sondern vielmehr, in Marseille nicht durchgefallen zu sein.
Aber schrecklicher noch als in Marseille und in Rom war es für einen Sänger, in den kleinen süditalienischen Provinztheatern auf der Bühne zu stehen. Nicht jenes langweilige Kulturpublikum, das bei uns der Bildung wegen in die Oper läuft, hat einen Caruso geformt, sondern das respektlose, souveräne und spottlustige Publikum im südlichsten Italien. Unbarmherzig schmeißen ihn die Zuschauer von der Bühne, wenn er, was ihm häufig passiert, das hohe b nicht rein singt. Hundertmal hat dieses Publikum Caruso ausgepfiffen, bis er gelernt hat, den «Radames» aus «Aïda» vollkommen zu singen.
So lernt Caruso, daß Kunst nicht geniale Selbstdarstellung ist, sondern ein ganz schwieriges Handwerk. Mit minutiöser Aufmerksamkeit kontrolliert er sich selbst beim Singen und sucht auch noch den leisesten Makel in der Tonerzeugung aufzuspüren und auszumerzen. Und in knapp einem Jahrzehnt gelingt ihm so

die Karriere von einem obskuren sizilianischen Theater bis zur Mailänder Scala.
Jetzt wird ganz Europa auf ihn aufmerksam. Im Londoner Covent Garden feiern ihn die Engländer mit geradezu südländischer Begeisterung. In Berlin bittet ihn Kaiser Wilhelm in seine Hofloge und ernennt ihn zum «Kaiserlichen Kammersänger». Sehr gerührt hat es Caruso nicht. «Ich singe auf italienisch», pflegt er zu sagen, «ich singe auf französisch, auf spanisch und, wenn es sein muß, auf englisch. Aber auf deutsch? Wie soll ich in einer Sprache singen, die aus lauter Konsonanten besteht?»
Seine eigentliche Heimat wird für zwei Jahrzehnte New York, seine Lieblingsbühne die Metropolitan Opera. Hier trifft er mit Puccini und Toscanini zusammen. Hier wird er zum Millionär, der ebenso unbarmherzig um seine Gagen feilscht, wie er sie nachher wieder mit kindlicher Großzügigkeit unter arme italienische Auswanderer verteilt.
«Was ist ein Tenor?» pflegt Caruso zu fragen. Und er gibt sich selbst die Antwort: «Ein großer Brustkorb, ein großer Mund, neunzig Prozent Gedächtnis, zehn Prozent Verstand, eine Menge harter Arbeit und etwas im Herzen.» Die schlechte Tonqualität der Aufnahmen aus jener Zeit macht es heute sehr schwer, nachzuempfinden, was Caruso im Herzen getragen hat. Besser Bescheid wissen wir über seinen großen Brustkorb. Seine Lungen vermag er um neunund-

zwanzig Zentimeter zu dehnen, und wenn sich seine Brust beim Atemholen hebt, dann ist sie imstande, einen großen Steinway-Flügel wegzuschieben.
Diese mächtige Brust wird ihm zum Verhängnis. 1920 strömt ihm beim Singen in der Metropolitan Opera das Blut über die Lippen. Die Ärzte zerschneiden die kostbarste Brust der Welt. Es sind die besten Ärzte Amerikas. Aber Caruso hat kein Vertrauen zu ihnen. Halbgenesen läßt er sich sofort nach Neapel einschiffen. Er will sich vom Arzt seiner Kindheit heilen lassen. Vom Arzt, zu dem seine Mamma Vertrauen hatte.
Aber der Arzt eines neapolitanischen Armenviertels ist nicht der richtige Mann, um das Leben eines weltberühmten Opernstars zu retten. Mit ungewaschenen Händen und mit einer nicht sterilisierten Sonde verursacht er bei Caruso eine allgemeine Blutvergiftung. In einem Hotel in Neapel, nur ein paar Schritte von der Via San Giovanniello entfernt, ringt am 2. August 1921 Enrico Caruso mit dem Tod. Vor dem verhangenen Fenster seines Sterbezimmers hat sich eine ungeheure Menschenmenge versammelt. Keiner sagt ein einziges Wort. Eine unerhörte Stille liegt über Neapel zu der Stunde, als Carusos Stimme für immer verstummt.

11. Stück

Ludwig XIV. in Behandlung

Worin wir lernen,
was ein Patient ist

Warum hat König Ludwig XIV. von Frankreich eigentlich so fürchterlich gestunken?
Die Tatsache selber ist allgemein bekannt und wird nicht einmal von den Schulbüchern verschwiegen. Aber man findet dort eine eigentümlich vage Erklärung. Es sei, hat man uns in der Schule gesagt, im 17. Jahrhundert ganz allgemein nicht üblich gewesen, sich zu waschen, und so habe eben nicht einmal der überaus reichliche Gebrauch von Parfüm am Hof des Sonnenkönigs zu Versailles die hygienischen Mängel der Zeit zu überduften vermocht.
Diese Erklärung ist zwar plausibel, aber falsch. Natürlich hat jede Epoche ihren eigenen Gestank und ein mittelalterlicher Mensch würde wahrscheinlich ohnmächtig, wenn er die chemikalischen Sauberkeits- und Schönheitspräparate röche, nach denen der ganz normale Mensch heute stinkt. Aber wir selber merken das ja nicht. Denn es kennzeichnet den allgemeinen Duft einer Epoche, daß ihn die Zeitgenossen selbst nicht wahrnehmen.
Daß Ludwig XIV. duftete, haben aber selbst die Zeit-

genossen wahrgenommen. Zahlreich sind die diskreten Hinweise darauf, was für eine Qual es gewesen sein muß, sich mit dem Sonnenkönig aus der Nähe zu unterhalten oder gar sein Tischgenosse zu sein. Und wenn Madame de Maintenon, seine Mätresse, im Laufe der Jahre immer frömmer wurde und ihrem Louis immer eindringlicher zuredete, er solle doch die religiöse Erbauung den Sünden des Fleisches vorziehen, so hatte das wahrscheinlich höchst weltliche Gründe. Denn ein Kuß des Sonnenkönigs war zwar eine göttliche Ehre, nach der mit Ausnahme von Liselotte von der Pfalz alle Damen des Hofes lechzten. Aber ein Genuß war das nicht, und niemand wußte das besser als Madame de Maintenon.

Dank sei deshalb dem französischen Historiker Louis Bertrand, der das historische Rätsel um die besondere Duftnote des großen Bourbonen mit allem gebotenen wissenschaftlichen Ernst geklärt hat. Professor Bertrand hat das getan, was man immer tun sollte, wenn mit dem körperlichen Befinden eines Menschen etwas nicht stimmt: Er hat die Ärzte untersucht. Da sind die Leibärzte des Sonnenkönigs, der docteur Vallot, der docteur Daquin und der docteur Fagon. Jeder von ihnen ist ein Arzt, wie er im Buche steht: ohne jede Kenntnis der menschlichen Realität, aber dafür vollgeblasen mit ärztlichem Standesbewußtsein und mit den medizinischen Weisheiten von Europas renommiertester Universität: der Pariser Sorbonne.

Nehmen wir den Doktor Daquin. In seinen Händen befindet sich der Sönnenkönig während seiner blühendsten Mannesjahre. Im Kopf des Doktor Daquin sitzt das Dogma, es gebe im ganzen menschlichen Körper keinen gefährlicheren Infektionsherd als die Zähne. Und es schließt der Doktor, daß man Zähne allenfalls im Munde eines gewöhnlichen Untertanen belassen könne. Bei Seiner Majestät dem König aber müßten sie allesamt gezogen werden, solange sie noch gesund seien.

Dagegen sträubt sich Ludwig XIV. Aber Daquin wendet jenen psychologischen Trick an, mit dem er jede seiner Ideen bei Ludwig durchzusetzen weiß: Er sagt dem mächtigsten Herrscher Europas, seine Gesundheit sei gleichbedeutend mit seiner gloire, und drum sei es für seine königliche Glorie nötig, ihm die Zähne allesamt zu ziehen. Am folgenden Tag notiert der Leibarzt in seinem Tagebuch: «Seine Majestät der König hat mir geantwortet, er sei für seine Glorie zu allem bereit, sogar zum Sterben.»

Ludwig XIV. ist nicht gerade gestorben beim großen Zähneziehen in Versailles. Aber der Doktor Daquin geht immerhin so geschickt vor, daß er dem König, zusammen mit den untern Zähnen, auch gleich den Kiefer zerbricht, und ihm, zusammen mit den obern Zähnen, einen großen Teil des Gaumens herausreißt. Alles, den Lehren der Sorbonne entsprechend, ohne Narkose.

Der königliche Unterkiefer wächst nach einer Weile wieder zusammen, aber der herausgerissene Gaumen ist natürlich nicht wieder zu ersetzen. Den Doktor Daquin schert das nicht. Einen Monat später notiert er in seinem Tagebuch: «Zum Zweck der Desinfektion habe ich Seiner Majestät das Loch im Gaumen vierzehn Mal mit einem glühenden Eisenstab ausgebrannt.»
Fortan erleben die Tischgenossen Seiner Majestät täglich das Spektakel, daß dem großen Bourbonen, wenn er trinkt, das halbe Glas Wein gleich wieder zur Nase heraussprudelt. Schlimmer noch: in der offenen Tropfsteinhöhle, mit der sich der Mund des Königs zur Nase öffnet, setzen sich ständig größere Brocken fester Nahrung auf so komplizierte Weise fest, daß sie sich erst nach Wochen auflösen. Durch die Nase.
Durch seinen zahnlosen Mund schlingt der Sonnenkönig riesige Mengen Nahrung unzerkaut herunter. Nichts hat ihm die Bewunderung seiner Zeitgenossen in solchem Maße eingetragen wie sein ungeheurer Appetit. Denn der Appetit des Königs gilt im 17. Jahrhundert als ein Zeichen des göttlichen Segens für das gesamte Königreich. Aber Louis ißt nicht, weil ihm der Himmel gewogen ist. Er ißt, weil er lebenslänglich an Bandwurm leidet. Das steht heute zweifelsfrei fest, weil es zu den Aufgaben seiner Leibärzte gehörte, täglich einen detaillierten Bericht über die Exkremente Seiner Majestät zu erstellen.
So ißt denn Louis mit maßlosem Appetit, ohne jemals

satt zu werden. Zum Mittagessen läßt er sich in einer einzigen riesigen Schüssel Enten, Hasen, Fasanen, Lerchen, Perl-, Trut- und Rebhühner servieren, das ganze zehn bis zwölf Stunden lang in derselben Sauce zerkocht. Denn der zahnlose König kann ja nicht mehr kauen. So suchen ihn, den ganzen Nachmittag über, fürchterliche Verdauungsstörungen heim. Kein Wort kommt in den ärztlichen Tagebüchern häufiger vor als das Wort «vapeur». Gemeint sind Blähungen aller Art. Dabei bleibt es aber nicht. Doktor Daquin notiert: «Seine Majestät hat heute wieder erbrochen, und zwar zur Hauptsache völlig unzerkaute und unverdaute Materien, darunter eine große Menge unverdauter Trüffel.»

Das macht dem Arzt aber keine große Sorge. Denn das Dogma der Sorbonne lehrt, daß der Darm viel wichtiger sei als der Magen, und daß nur ein entleerter Darm ein gesunder Darm sei. So verschreiben denn die Ärzte des 17. Jahrhunderts gegen alle Krankheiten des Leibes und der Seele am laufenden Bande Abführmittel, etwa so wie heute viele Ärzte Beruhigungstabletten. Zum Glück kann sich der gewöhnliche Untertan in Frankreich und Navarra einen Besuch beim Arzt nur selten leisten. Anders der König. Für die Gesundheit Seiner Majestät, darüber sind sich die Leibärzte einig, sind nur die besten und stärksten Abführmittel gut genug, und zwar täglich eingenommen. Täglich muß Louis also seinen «bouillon purgatif» schlürfen, einen Sud aus Schlangenpulver, Pferdemist und Weihrauch. Erstaunlicherweise tut das schreckliche Gesöff durchaus seine schreckliche Wirkung. Und da es zu den vornehmsten Pflichten der Leibärzte gehört, täglich zu notieren, wie oft Seine Majestät muß, so wissen wir, daß Ludwig der Große täglich so zwischen vierzehn und achtzehn Mal dort sitzt, wohin selbst der König zu Fuß geht. Wohlgemerkt: der König geht. Es ist vollkommen undenkbar, daß Seine Majestät durch Versailles läuft. So ist es denn keineswegs seine persönliche Schuld, wohl aber eine hinreichende Erklärung für seine persönliche Duftnote, daß er häufig zu spät kommt.

Im Jahre 1686 endlich bäumt sich das königliche Gedärm gegen die jahrzehntelange medizinische Mißhandlung auf. Zuerst mehren sich in den ärztlichen Tagebüchern Sätze wie: «Seine Majestät hat heute wieder Blut gestuhlt.» Dann bildet sich am Rückenende Seiner Majestät ein faustgroßes Geschwür. Während die Ärzte werweißen, sitzt der Sonnenkönig mit derart versteinertem Gesicht auf seinem Thron, beziehungsweise auf seinem Geschwür, daß sich in ganz Europa das Gerücht verbreitet, der König von Frankreich liege im Sterben. Jetzt ergeht der Befehl an alle Beamten des Reiches, alle jene Untertanen ausfindig zu machen, die ein ähnliches Geschwür haben wie der König, und sie unverzüglich nach Paris zu bringen, zur Verfügung von Professor Félix.

Über einen Monat lang hat Sorbonne-Professor Félix, eine chirurgische Kapazität, diesen bedauernswerten menschlichen Meerschweinchen den Hintern kreuz und quer aufgeschnitten und wieder zugenäht, um medizinische Erfahrungen zu sammeln für das ungleich wertvollere Gesäß Seiner Majestät. Er macht das so gründlich, daß die Versuchspersonen gleich reihenweise auf den Friedhof gekarrt werden. Ludwigs Schmerzen aber sind inzwischen unerträglich geworden. Am 17. November erteilt er den Befehl, ihn, koste es, was es wolle, am folgenden Morgen zu operieren. Mit Rücksicht auf das königliche Prestige findet die Operation im kleinsten Kreise statt. Ludwig lehnt jede überflüssige Hilfe ab und legt sich selber bäuchlings auf den Schragen. Seine Mätresse, Madame de Maintenon, betet ihm laut vor: «Oh Herr, in deine Hände befehle ich meinen Geist.» Dann saust das langgewetzte Messer von Professor Félix zehnmal nieder.
Es ist wohl eher den Gebeten von Madame de Maintenon als der Kunst von Professor Félix zuzuschreiben, daß die Operation gelingt. Aber alles, wirklich alles, was über den Hof von Versailles zu sagen ist, liegt in einer Notiz beschlossen, die jetzt im ärztlichen Tagebuch von Professor Félix folgt. Der Chirurg berichtet, daß sich in den Tagen nach der Operation mehr als dreißig Höflinge bei ihm gemeldet haben, mit dem dringenden Ersuchen, sie doch, bitte, bitte, an der gleichen Stelle zu operieren wie Seine Majestät.

«Ich habe», schreibt Professor Félix, «jeden der Herren eingehend am betreffenden Körperteil untersucht, habe aber nichts gefunden, was einen chirurgischen Eingriff rechtfertigen würde. Als ich ihnen diese Diagnose mitteilte, war keiner unter ihnen, der nicht tief enttäuscht, ja beleidigt gewesen wäre.»
Derweil leidet Louis Schmerzen wie ein Pferd. Die Operation hat natürlich ohne Narkose stattgefunden. Gleich danach hat man ihn auch noch zur Ader gelassen. Anschließend drückt man ihn auf den Betschemel der Hofkirche für eine große Danksagungsmesse. Um seine Genesung zu demonstrieren, hat er sein Mittagessen vor dreißig Personen einzunehmen. Am Nachmittag muß er auf seinem blutig zerschnittenen Hintern zwei Stunden lang dem Großen Rat des Königreichs vorsitzen. Denn selbst wenn der König vom Operationstisch kommt, ist es unmöglich, irgend etwas am pompösen Tageslauf in Versailles zu ändern.
Bleibt die Frage, wie Ludwig XIV. das grauenhafte Martyrium, das ihm seine Ärzte zugefügt haben, durch siebenundsiebzig Jahre seines Lebens überhaupt aushalten konnte. Zwei Dinge kommen da zusammen. Einmal die unerhört robuste Konstitution des Königs. Kaum ist er am 5. September 1638 geboren, da schreibt schon der schwedische Gesandte nach Stockholm, der Säugling sei so außerordentlich kräftig, daß drei Stillmütter kaum mit ihm fertig würden, und die Welt möge sich hüten vor einem Thronfolger,

der schon in den Windeln so unerhörte Energien entwickle. Diese Energien sind es, die siebenundsiebzig Jahre lang der Kunst der Ärzte getrotzt haben.
Das zweite aber ist die Mentalität Ludwigs XIV. Von der französischen Historikerin Madeleine Jacquemaire stammt das Wort, mit Ludwig XIV. habe zweiundsiebzig Jahre lang auf dem französischen Thron kein Franzose, sondern ein Spanier gesessen. Auf jeden Fall hat Ludwig XIV. seinen französischen Vater, Ludwig XIII., zeit seines Lebens so maßlos verachtet, daß es verboten war, in seiner Gegenwart von seinem Vater auch nur zu sprechen. Maßlos verehrt hat er dagegen seine spanische Mutter: Anna von Österreich. Ihrem Vorbild hat er ein Leben lang nachgeeifert, in seinem absolutistischen politischen Ehrgeiz ebenso wie in seiner persönlichen Lebensauffassung.
Nie ist dem Sohn der Spanierin auch nur ein einziges Wort der Klage über die Lippen gekommen. Noch die schlimmsten Torturen, die ihm seine Ärzte zufügten, hat er mit der heroischen Unfühlsamkeit eines Spaniers wortlos ertragen. Und majestätisch wie ein spanischer Grande ist er durch Versailles stolziert: den Bauch von Blähungen gepeinigt, die Hosen voll, die verstopfte Nase aber so verächtlich über die ganze Menschheit hochgezogen, als wolle er noch in seiner peinlichsten Schwäche die Welt beschämen mit einem souveränen: «L'odeur c'est moi!»

12. Stück

Wie Moliere eines unerwartet natürlichen Todes starb

Worin wir tapezieren lernen

Molières Vater war von Beruf «tapissier du Roi – Tapezierer des Königs».
Ein «Tapezierer des Königs» hat die Aufgabe, morgens, wenn der König von Frankreich aufsteht, das Bett Seiner Majestät am Fußende zurechtzuzupfen. Am Fußende nur, denn am Kopfende zupft jemand anders herum. Überhaupt sind es ziemlich viele Leute, die da am Bett Seiner Majestät herumzupfen. Allein am Fußende sind es vier Tapezierer. Und da alles, was irgendwie mit der Person des Königs von Frankreich zu tun hat, eine Menge Geld einbringt, wächst der junge Molière in Paris zwar in einem bürgerlichen, aber doch sehr luxuriösen Haushalt heran.
Unter solchen finanziellen Umständen möchte natürlich jeder, der einmal am Bett Seiner Majestät herumgezupft hat, in alle Ewigkeit daran weiterzupfen. Deshalb sorgt Molières Vater dafür, daß der kleine Jean-Baptiste dieses hohe Amt schon als Kind erblich zugeschlagen bekommt. Er schickt ihn in eines der berühmtesten Gymnasien der Zeit, ins Lycée Louis-le-Grand zu den Jesuiten, und läßt ihn hernach Jura stu-

dieren, in der richtigen Erkenntnis, daß sich niemand so gut darauf versteht, den Mächtigen das Bett bequem zurechtzumachen, wie die Juristen. Allerdings: Molière wählt für sein Studium die Universität Orléans, und wenn damals jemand in Orléans Jura studierte, dann ist das etwa so, wie wenn heute jemand seinen Doktor in Österreich macht.

Da das Universitätsstudium damals wesentlich vernünftiger organisiert war als heute, ist Molière schon mit einundzwanzig damit fertig. Jetzt kommt der unerhörte Bruch in seinem Leben. Dieser junge Jurist, dem die blendende Karriere sicher ist, ein Leben lang das Bettende Seiner Majestät hüten zu dürfen, läßt alles liegen und ergreift den unmöglichsten Beruf der Welt: Er wird Schauspieler und Schriftsteller. Wie konnte das passieren?

Die Ursache für den Bruch in Molières Karriere ist die allereinfachste Ursache der Welt: Achtzehn Jahre alt ist sie, heißt Madeleine Béjart und ist eine junge Schauspielerin von großer Zärtlichkeit und Leidenschaft. Für ihr Alter ist Madeleine auch schon ein recht welterfahrenes Mädchen. Ein zeitgenössischer Chronist berichtet, daß sie soeben eine Reise durch den Süden des Königreichs gemacht und auf dieser Reise «sehr viele junge Männer sehr glücklich» gemacht hat.

Auch Molière ist sehr, sehr glücklich. Nur mit der Kunst klappt es nicht so gut wie mit der Liebe. Die beiden gründen zusammen das «Illustre Théâtre», zu deutsch «Das Berühmte Theater». Nichts weiter ist über das «Berühmte Theater» zu sagen, als daß es niemals berühmt geworden ist. Nach ein paar Monaten flieht das Liebespaar mit dem Rest seiner Truppe vor einer ganzen Meute von Gläubigern aus Paris in die Provinz.

Dort bleiben die beiden zwölf Jahre lang, eine schöne und erfolgreiche Zeit. Wir wissen das dank einer Notiz des Dichters Dassoucy. Niemand hat je in der ganzen Geschichte der französischen Literatur so miserable Verse gemacht wie der Dichter Dassoucy. Das macht aber nichts. Dassoucy ist trotzdem eine Persönlichkeit. Zerlumpt und verfressen zieht er quer durch Frankreich und Navarra, in seinem Gefolge stets zwei piekfeine Jünglinge, die ihm als Pagen dienstbar sind. Dieser Dassoucy berichtet, wie er im Languedoc zufällig der Schauspieltruppe Molières begegnet und wie er, dank Molières Gastfreundschaft, drei Monate lang in Muskatwein und Bratensauce nur so schwimmt. Und Madeleine? «Molière», schreibt Dassoucy, «versteht sich mit seiner Madeleine so fabelhaft wie ich mit meinen beiden Pagen.»

Auch künstlerisch bekommen Molière die zwölf Jahre in der Provinz ausgezeichnet. Durch das fahrende Lotterleben geht seine humanistische Bildung zum Teufel. Das heißt: Molière bekommt jetzt endlich Kontakt zur Realität. Aus einem langweiligen gebil-

deten Jüngling wird ein Mann, dessen geniale Kunst der Menschenbeobachtung und der Charakterbeschreibung in der Weltliteratur ihresgleichen sucht. Molière kann nach Paris zurückkehren.
In einem der ersten Stücke, das er selbst geschrieben hat, in «Der Leichtsinnige», steht Molière selber auf der Bühne als Schweizer, mit Hellebarde und Akzent. Ich kann persönlich nicht verstehen, was komisch sein soll an einem Schweizer und seinem Akzent. Aber ganz Paris lacht Tränen. Am meisten lacht Seine Majestät, König Ludwig XIV. von Frankreich. Denn Ludwig ist ein ausgezeichneter Menschenkenner, und das heißt: er ist selber ein Spötter. Sofort erkennt er in Molière den verwandten Geist. Zwischen den beiden Männern spielt fortan, was man im französischen «affinité» nennt, und was Goethe ins Deutsche übersetzt hat mit «Wahlverwandtschaft».
Auf ganz unerwartete Weise ist Molière also doch wieder ans Fußende Seiner Majestät vorgerückt. Und wieder ist es dort sehr komfortabel. Binnen weniger Jahre vereinigt Molière auf seine Person ein halbes Dutzend wohldotierter königlicher Pensionen, seine Truppe darf sich von 1665 an «troupe du Roi – Schauspieltruppe des Königs» nennen. Die Sympathie und die finanzielle Großzügigkeit Ludwigs XIV. schaffen den Rahmen, in dem sich jetzt das Talent Molières entfalten kann. Und es hätte dieses Schauspielerleben in der Apotheose geendet, beginge Molière nicht auf

dem Höhepunkt seines Bühnenerfolgs einen schrecklichen Fehler: Er sucht Streit mit der Katholischen Kirche. Das kommt so:
Molières gesamtes Werk lebt vom Spott. Nun ist Spott eine ganz spezielle Form der Aggression: Spott wird magnetisch angezogen durch alles, was den lebendigen Fluß des Lebens hemmt, was das Leben verzwängt oder verklemmt: Geiz zum Beispiel oder gebildete Allüren, erstarrte Denkarten und erstarrte Umgangsformen. Religion aber – Gott weiß warum – ist eine Sache, die mehr als jede andere dazu neigt, zu erstarren und sich vom lebendigen Fluß des Lebens abzusondern. Kein Wunder, daß, wer immer das Talent der Ironie besitzt, vom Thema «Frömmigkeit» magnetisch angezogen wird.
1664 schreibt Molière sein weitaus bestes Stück: «Tartuffe» – die Geschichte von einem frommen Heuchler, der mit seiner Frömmigkeit nichts als Schaden stiftet. Das Stück ist noch gar nicht öffentlich aufgeführt, da ist der Klerus von Paris schon außer sich. Und da ja auch die Geistlichkeit einen gewissen Sinn fürs Theatralische besitzt, so reift jetzt im Pariser Klerus der spektakuläre Plan heran, das Lästermaul Molière öffentlich zu verbrennen.
König Ludwig XIV. ist das schrecklich peinlich. Molière hat seine Sympathie, den «Tartuffe» hat er sich ganz privat vorspielen lassen, und er findet ihn köstlich. Auch ist er nicht der Typ des Herrschers, der sei-

ne Schriftsteller verbrennt. Auf der andern Seite ist seine Mätresse, Madame de Maintenon, ein furchtbar frommes Frauenzimmer. Und natürlich möchte der König seiner Mätresse nicht zuwider sein. Vor lauter Peinlichkeit schiebt er das Problem einfach auf die lange Bank: Molière wird vorläufig nicht verbrannt, aber er darf den «Tartuffe» vorläufig auch nicht aufführen.

Wie immer in solchen Fällen beginnt jetzt ein unerhört kompliziertes Intrigenspiel, das den Hof zu Versailles fünf Jahre lang beschäftigt. Zum Schluß hat Molière sich beim König durchgesetzt: 1669 wird «Tartuffe», nach vielen Korrekturen, endlich öffentlich aufgeführt. Der Publikumserfolg ist unbeschreiblich.

Streit zu haben mit der Kirche ist allemal eine Beschäftigung fürs ganze Leben. Bei Molière ist es sogar eine Beschäftigung bis über den Tod hinaus. Am 17. Februar 1673, während der vierten Vorstellung des Eingebildeten Kranken, überkommt den kranken Molière der Todeskampf. In genialer Improvisation bezieht er seinen eigenen Todeskampf als eingebildete Leiden in die Handlung ein. Als unter tosendem Applaus der Vorhang fällt, bleibt nur noch eines zu tun: einen Priester holen.

Es kommt kein Priester. Kein Geistlicher ist bereit, dem sterbenden Molière die Sakramente zu reichen. Er stirbt wie ein Heide. Und wie ein Heide wird er ver-

scharrt. Auf Anweisung des Erzbischofs von Paris darf die Beerdigung nur nachts in aller Heimlichkeit stattfinden. Als sich der gespenstische Zug beim Fakkelschein zum Friedhof Saint-Joseph bewegt, stehen am Straßenrand zwei Frauen. «Wer wird denn da so komisch begraben?» fragt die eine. «Na wer denn», sagt die andere, «dieser Schriftsteller doch, dieser Schauspieler, ce Molière – dieser Molière da!»
Einer der Freunde Molières bleibt stehen. «Madame», sagt er, «wenn Sie von Molière sprechen, dann sagen Sie gefälligst ‹Monsieur›.»

13. Stück

Antonius in der Wüste

Worin wir lernen, wie man Freunde gewinnt

Der heilige Antonius der Einsiedler – nicht zu verwechseln mit dem heiligen Antonius von Padua –, Antonius der Einsiedler also hatte viel zu leiden unter der neugierigen Zudringlichkeit der Menschen. Und eines Tages seufzte er: «Mir geht es in meiner Einsiedelei wie einem ganz gewöhnlichen Familienvater in seiner Wohnung: Ich bin immer der letzte, der erfährt, was in meinen eigenen vier Wänden los ist.»
Antonius der Einsiedler, auch Antonius von Ägypten genannt, ist im Jahre 251 in Kome bei Theben geboren. Aber das Datum ist gleichgültig. Es gehört zum guten Geschmack in der Katholischen Kirche, das Geburtsdatum eines Heiligen nicht zu erwähnen. Die Geschichte eines Menschen beginnt ja nicht mit seiner Geburt. Erst in dem Augenblick wird das Leben eines Menschen zur Geschichte, in dem er beschließt, aus seinem Leben etwas zu machen.
Das tut Antonius im Alter von fünfunddreißig Jahren. Er ist zu diesem Zeitpunkt ein erfolgreicher ägyptischer Geschäftsmann, spezialisiert in der Produktion und im Vertrieb von landwirtschaftlichen Qualitäts-

produkten. Aber Gott weiß warum: Seine berufliche Karriere hängt ihm zum Hals heraus. Er ist auch sonst ein erfolgreicher Mann der gehobenen Gesellschaft. Aber Gott weiß warum: Auch in den Schlafzimmern der Frauen beschäftigt Antonius nur ein Gedanke: «Wie komme ich hier wieder raus?»

Aus dem Überdruß, den wir alle empfinden, zieht Antonius als einziger Konsequenzen. Im Alter von fünfunddreißig Jahren, so berichtet Athanasius, läßt er alles stehn und liegen, zieht hinaus in die Wüste und ernährt sich von Heuschrecken und wildem Honig.

Das klingt furchterregender als es ist. Einmal sind Heuschrecken und wilder Honig die köstlichsten Delikatessen des Orients. Zum andern ist Ägypten im dritten Jahrhundert ein ganz anderes Land als heute. Kein übervölkertes Armenhaus ist das, sondern der intellektuelle und wirtschaftliche Mittelpunkt der Welt. Und ein Land voller Weite. Nur ein paar Kilometer zieht Antonius hinaus vor seine Vaterstadt El-Wasta am mittleren Nil. In einem kleinen Felsental läßt er sich nieder. Eine Quelle ist da und ein herrenloser Dattelhain, reich genug, um einen ganzen Beduinenstamm zu ernähren. Das Klima ist wunderbar: die Nächte frisch, die Tage wolkenlos. Da sitzt Antonius unter seinen Palmen, streckt die Füße genüßlich vor sich hin, betrachtet seine Zehen und fängt mit einem Mal wie ein Kind an zu lachen: «Zum Teufel mit der

Karriere und dem Sex! Warum bin ich nicht früher auf die Idee gekommen?»

Wie lange hat der heilige Antonius so in seinem Dattelhain bei El-Wasta gesessen und seine Füße betrachtet? Nur ein paar Wochen lang. Dann haben seine alten Freunde herausgefunden, wo er steckt. Und seine Freundinnen. Ein langer Zug von Dromedaren setzt sich nach dem Felsental in Bewegung. Alle wollen wissen, was los ist mit dem heiligen Antonius. Und was ihm fehlt.

Und dann geht die Sensation wie ein Lauffeuer durchs ganze Niltal: In einem Dattelwäldchen bei El-Wasta sitzt einer ganz allein. Und es fehlt ihm überhaupt nichts. Im Gegenteil: Er genießt die göttliche Ruhe. Und er ist glücklich.

Wie es übers Jahr schon in der Einsiedelei des heiligen Antonius zugeht, könnte ich aus den historischen Quellen schildern. Aber ich habe das nicht nötig. Denn ich bin selbst dabeigewesen. In den späten fünfziger Jahren war ich mit ihm befreundet. Zwar nicht mit dem heiligen Antonius, wohl aber mit einem seiner späten Jünger. Das war der gottselige Bruder Alfons von Solothurn. Im Kloster zum Heiligen Hyazinth in Fribourg, wo er gelegentlich verkehrte, habe ich ihn kennengelernt. «Gottseliger Bruder Alfons», sagte ich zu ihm, «wie ich dich beneide um die göttliche Ruhe in deiner Einsiedelei.»

«Wenn du wissen willst, wie es zugeht in einer Einsie-

delei», antwortete der gottselige Bruder Alfons, «dann komm mich doch ganz einfach am nächsten Sonntag besuchen.»
Morgens schon um acht Uhr habe ich an der Einsiedelei in der St.-Verena-Schlucht geklopft. Der gottselige Bruder Alfons öffnete die Tür nur einen Spalt. «Schnell», sagte er, «mach daß du hereinkommst! Bevor die Leute da sind.» Dann hängte er noch rasch eine abgegriffene Tafel vor die Tür «Der Einsiedler ist abwesend» und zog die Vorhänge zu. Und dann ging es auch schon los.
Es war so, als ob ein ungeheurer menschlicher Bienenschwarm den heiligen Ort selbstgewählter Einsamkeit umsummte. Hinter einem Zipfel des Vorhangs hervor habe ich bis zum frühen Nachmittag über tausend Personen gezählt. «Verstehst du jetzt», flüsterte mir der gottselige Bruder Alfons zu, «was der heilige Athanasius meint, wenn er berichtet, daß Hunderte von Dämonen ständig die Einsiedelei des heiligen Antonius umschwirrten? Das waren keine Dämonen. Das waren lauter fromme Pilger. Aber sag mir, wieviel Uhr ist es eigentlich?» – «Es ist halb vier, gottseliger Bruder Alfons.» – «Dann», sagte der Einsiedler mit einer Grimasse, «dann kommt jetzt gleich das Schlimmste. Gleich fängt die protestantische Singerei an.»
«Laßt den Sonnenschein herein ...»: Das große Musikkorps der solothurnischen Heilsarmee brachte mit

Pauken und Trompeten dem Einsiedler ein ökumenisches Ständchen dar.
Nun hat der heilige Antonius im 3. Jahrhundert gelebt. Es gab damals noch keine Heilsarmee. Aber sonst war alles gleich. Aus einer zufälligen Bemerkung des Hieronymus in seiner Biographie des heiligen Hilarion von Gaza ist zu erfahren, daß bald danach schon in den Dörfern um die Einsiedelei des heiligen Antonius der Verleih von Dromedaren schwunghaft anstieg. Unzählige Menschen aus Theben, aus Alexandrien, ja aus dem fernen Griechenland kommen herbeigeritten, um die Sensation zu erleben: einen Menschen, der fähig ist, einsam zu sein. Und dann, von einem Tag auf den andern, bricht die ganze Touristen-Industrie um die Einsiedelei bei El-Wasta in sich zusammen. Denn dem heiligen Antonius ist es zuviel geworden. Und er ist spurlos verschwunden.
Auf jenen großen Fresken des Mittelalters, die das Leben des heiligen Antonius schildern, ist jetzt zu sehen, wie der Heilige in einen Sarg flicht und den Deckel über sich sorgfältig schließt. Das ist nichts als frommer Unsinn. Gewiß heißt es in einer mittelalterlichen Übersetzung der alten griechischen Antonius-Biographie des Evagrius: «Ad sepulcra secessit – er hat sich zu den Gräbern zurückgezogen.» Aber das sind nicht unsere heutigen Sarggräber. In der Nähe von Theben gibt es heute noch ein Gebirge zu sehen, das sich von

ferne ausnimmt wie eine riesige Bienenwabe: Der ganze Berg ist durchlöchert mit zahllosen Felswohnungen. Das sind alte Felsen-Friedhöfe aus pharaonischer Zeit, und entsprechend den altägyptischen Vorstellungen vom Leben nach dem Tod ist jedes Felsengrab für sich eine geräumige Wohnung mit mehreren Zimmern.

Herrlich kühl und trocken ist es hier. Glücklich streckt der Heilige seine Füße aus. Er genießt die göttliche Ruhe. Und ernährt sich von Heuschrecken und wildem Honig.

Da! Was ist das? Über seine Füße hinweg blickt der heilige Antonius scharf hinaus in die Wüste: Am Horizont sind ein paar Punkte aufgetaucht. Die Punkte bewegen sich, sie werden größer. Kein Zweifel: es ist eine ganze Karawane von Dromedaren aus El-Wasta.

«Heiliger Strohsack», seufzt der heilige Antonius, «ich bin entdeckt. Jetzt fängt der ganze Rummel von vorne an.»

Es wird aber diesmal ein ganz anderer Rummel als in der ersten Einsiedelei. Inzwischen nämlich ist der heilige Antonius zum Gesprächsthema Nummer eins in Alexandrien geworden. Diese ägyptische Stadt am Mittelmeer ist im 3. und 4. Jahrhundert der geistige Mittelpunkt der Welt. Unter den Studenten in Alexandrien ist gerade die Meditation große Mode. Und wie ein Lauffeuer verbreitet sich die Kunde: «Da oben in einer Felsenhöhle bei Theben sitzt einer ganz allein. Das ist der einzige wahre Meister der Versenkung in sich selbst. Das ist der einzige wahre Meister der Meditation.»

Etwa neuntausend meditationshungrige junge Intellektuelle, so schätzen die Historiker, haben den heiligen Antonius in seinem Felsengrab bei Theben umlagert. Und alle, alle drängen sie sich in seine Einsiedelei, vom frühen Morgen bis zum späten Abend, um von ihm die Kunst zu lernen, sich in sich selber zu versenken. Ganz allein.

Es ist jetzt Zeit für den heiligen Antonius, ein drittes Mal hinauszufliehen in die Wüste. Aber diesmal organisiert er seine Flucht besser. Er weiß jetzt: ganz allein zu sein, das wird ihm nie gelingen. Er nimmt ein halbes Dutzend Schüler mit, die ihm besonders diskret scheinen. Mit ihnen zieht er eine Woche lang durch die Wüste, bis hin zum Wadi Arabah, schon fast am Roten Meer, zweihundert Kilometer südöstlich von Kairo. In einem Felsental entdeckt er zahlreiche Quellen und einen Dattelhain. Hier läßt er seine Schüler zurück. Er selber steigt weiter durch die Felsen empor bis zur Kuppe des Berges Galala. Hier, in einer sieben Meter tiefen Höhle, läßt er sich nieder. Glücklich streckt er seine Füße aus. Er genießt die göttliche Ruhe. Und über seine Zehen hinweg läßt er den Blick schweifen in eine Landschaft von atemberaubender Schönheit.

Unten im Dattelhain sind seine Jünger derweil voll

damit beschäftigt, unerwünschte Besucher festzuhalten. Nicht, daß sie die Leute wegschicken. Das wäre unchristlich. Drei Tage und drei Nächte sind die Leute schließlich vom Niltal her in langen Karawanen bis zur Einsiedelei gezogen. Sie sind erschöpft. Sie brauchen Trost. Sie brauchen Rat. «Gedulden Sie sich doch ein bißchen», sagen die Jünger, «der heilige Antonius wird gleich kommen.»

Und er kommt wirklich. Jeden Nachmittag steigt Antonius aus seiner Gipfelhöhle hinab in die Oase und gibt Sprechstunde. Von vier Uhr bis Sonnenuntergang. Er tröstet die Deprimierten, er richtet die Verzweifelten wieder auf, er gibt Ratschläge für die Karriere, er gibt Ratschläge für die Liebe. Und alle, alle hangen sie an seinen Lippen, alle wollen sie teilhaben an der inneren Ruhe dieses Mannes, der die einsame Kunst beherrscht, mit sich selber fertig zu werden.

Neunzig Jahre alt ist der heilige Antonius, als er oben in der Einsamkeit der Felsenhöhle zum ersten Mal eine Stimme hört: «Ich bin der Gott Abrahams, Isaaks und Jakobs», sagt die Stimme. «Ich bin der Gott Jesu Christi. Antonius, nimm deinen Stock und ziehe ein letztes Mal in die Wüste!»

Dies ist einer der größten Augenblicke in der Geschichte der Religion: Nach dreitägiger Wanderung durch die Berge am Roten Meer steht Antonius vor einer Quelle. Neben der Quelle ein paar Dattelpalmen, darunter eine Hütte. Und vor der Hütte ein

Mann, so alt, daß Antonius, der Neunzigjährige, sich wie ein Jüngling vorkommt.
«Wer bist du?» fragt der Alte mit freundlicher Verwunderung. – «Ich bin der heilige Antonius. – «Und ich bin der heilige Paul von Theben. Komm herein, junger Mann. Wir wollen zusammen ein paar Heuschrecken essen und etwas wilden Honig.»
Drei Wochen haben der heilige Antonius und der heilige Paul von Theben zusammen unter den Dattelpalmen am Roten Meer gesessen. Von Zeit zu Zeit lächeln sie einander über die Zehen hinweg freundlich an. Und keiner sagt auch nur ein einziges Wort.
Da, am ersten Tag der vierten Woche, räuspert sich der heilige Antonius: «Was ich die ganze Zeit schon sagen wollte: Ich bin jetzt neunzig Jahre alt. Aber das hätte ich nicht gedacht, in meinem Leben noch einmal einem Menschen zu begegnen, dessen Gesellschaft mir Spaß macht.»
Da räuspert sich auch der heilige Paul von Theben: «Was ich die ganze Zeit schon sagen wollte: Ich bin jetzt hundertdreizehn Jahre alt. Und seit neunzig Jahren lebe ich hier ganz allein in der Wüste. Sag mir, Antonius, ist in der Zwischenzeit in der Welt irgendetwas passiert?»
Lange überlegt der heilige Antonius. Dann schüttelt er den Kopf: «Nein. Es ist in der Welt überhaupt nichts passiert, worüber zu reden sich lohnen würde.»
Da räuspert sich der heilige Paul von Theben noch

einmal: «Sag mir, Antonius, ist irgendetwas los in unserer Heiligen Katholischen Kirche?»
Und wieder überlegt der heilige Antonius. Dann schüttelt er nochmals den Kopf: «Nein. Es ist absolut nichts los in der Katholischen Kirche, worüber zu reden sich lohnen würde.»
Da lacht der heilige Paul von Theben: «Hundertdreizehn Jahre bin ich alt. Und habe nichts verpaßt. Ich werde auch nichts mehr verpassen. Komm, ich will sterben. Komm, wir singen zusammen den Psalm ‹Quemadmodum desiderat›.»
«So wie das wilde Tier nach dem Wasser,
So dürstet meine Seele nach dem lebendigen Gott.»

Über diesem Vers ist der heilige Paul von Theben gestorben. Antonius hat ihn in aller Ruhe begraben. Dann ist er heimgekehrt in seine eigene Einsiedelei. Noch fünfzehn Jahre lang hat er dort die Betrübten getröstet und die Verzweifelten besänftigt: natürlich immer nur während seiner Sprechstunde, von nachmittags um vier bis Sonnenuntergang. Zuletzt haben ihn zwei Mönche täglich von der Gipfelhöhle herab- und dann nach Sonnenuntergang wieder hinaufgetragen. Dort oben ist er im Jahre 356 im Alter von hundertfünf Jahren gestorben. Seine letzten Worte zu seinen Jüngern waren: «Begrabt mich bitte an einem Ort, den niemand kennt. Ich möchte wenigstens im Grabe endlich meine Ruhe haben.»

14. Stück

Die Nerven der heiligen Theresia

Worin wir lernen,
ohne Tabletten selig zu werden

Es ist tröstlich zu wissen, daß auch der Vatikan in manchen Dingen seine Meinung im Laufe der Jahrhunderte ändert. Im Jahre 1578 empfing Papst Gregor XIII. den Sohn des spanischen Vizekönigs von Neapel in Privataudienz. Als dieser es wagte, ein gutes Wort einzulegen für eine spanische Nonne, der damals der Prozeß vor der Inquisition drohte, fuhr ihm der Papst erregt über den Mund: «Ich wundere mich, daß Sie eine so schlechte und ruchlose Frau überhaupt in den Mund nehmen, diese schmutzige und sittenlose Nonne, die im höchsten Grad unzüchtig ist und ihre Klostergründungen nur zum Vorwand nimmt, um ihren ausschweifenden Gelüsten zu frönen.»

Es ist hier die Rede von einer Frau, die knappe vier Jahrhunderte später, am 17. September 1970, von einem andern Papst, von Paul VI., in der Sankt-Peters-Kathedrale feierlich mit dem höchsten Ruhmestitel der Katholischen Kirche ausgezeichnet werden wird: Doctor Ecclesiae – Allgemeine Lehrerin der Christenheit. Ihr Name: Theresia von Avila.

Avila ist eine kleine spanische Stadt etwas westlich von Madrid. Dort wird Theresia am 28. März 1515 in eine Kleinadelsfamilie hineingeboren. Es wird berichtet, daß sie schon als kleines Kind ein sehr lebhaftes Interesse für Religion zeigte. Das will aber für jene Zeit nicht viel heißen. In einem für uns heute unvorstellbaren Maße ist damals Religion ein Gegenstand des allgemeinen Interesses und der allgemeinen Leidenschaft – etwa so wie heute Fußball. Und wie heute noch in sehr katholischen Ländern, etwa in Irland, hat sich im damaligen Spanien jeder Junge und jedes Mädchen zeitweilig mit dem Gedanken getragen, ins Kloster zu gehen.

Nur: bei Theresia wird es mit zwanzig Jahren ernst. Sie eröffnet ihrem Vater, daß sie Nonne werden will. Der Vater hat etwas gegen Nonnen. Er rät ab, er droht, er verbietet. Er entfaltet die ganze Würde und Macht eines spanischen Patriarchen des 16. Jahrhunderts. Das nützt ihm aber bei dieser Tochter gar nichts. Theresia packt nachts heimlich ihre Klamotten und tritt höchst selbständig als Novizin ein ins Karmelitinnenkloster de la Encarnación – zur Menschwerdung.

Theresia geht es jetzt wie manchem vor und nach ihr, der aus Interesse für Gott ins Kloster gegangen ist. Nach einer Weile stellt sie fest, daß sie da, daß sie jedenfalls in diesem Kloster nicht ganz am richtigen Ort ist. Denn das Interesse für Gott ist im Kloster zur

Menschwerdung nicht eben groß. Die Nonnen führen ein ziemlich betriebsames Leben, sind oft monatelang außer Hause, das Sprechzimmer ist ständig überfüllt und die Unterhaltungen zwischen Herren und Damen sind dort sehr ausgedehnt.
Wir wollen den Schwestern des Menschwerdungsklosters deshalb nicht böse sein. Ein Frauenkloster hat damals ganz andere soziale Funktionen gehabt als heute. Man bedenke: nach zuverlässigen historischen Schätzungen ist im 16. Jahrhundert etwa jeder vierte Mann in Spanien Priester oder Mönch. Von den übrigbleibenden Männern im heiratsfähigen Alter ist ein großer Teil auf der Suche nach dem Abenteuer hinter Columbus her nach Amerika gezogen. Die meisten kommen dort um. Das heißt: Jede dritte junge Frau hat keine Chance, eine Ehe zu gründen.
Eine unverheiratete Frau ist aber damals gesellschaftlich mindestens so aufgeschmissen wie heute. Doch es bleibt ihr ein passabler Ausweg: Der Eintritt ins Kloster. Mit seinen hundertachzig Nonnen ist das Kloster zur Menschwerdung wie die meisten andern Frauenklöster eine Art Pensionat zur Versorgung unverheirateter Frauen, die sich dort das Leben möglichst erträglich einrichten.
Nichts ist dagegen einzuwenden. Nur: Theresia hat etwas anderes im Kopf. Ihr geht es um die Begegnung mit Gott. Der Betrieb im Kloster zur Menschwerdung frustriert sie bis auf die Knochen. Sie wird krank.

Zuerst hat sie das, was man heute in derlei Krankenberichten als vegetative Dystonie zu bezeichnen pflegt: Schlaflosigkeit, Magenkrämpfe, Schwindelanfälle. Dann verschlimmert sich ihre Neurose. Drei Jahre lang ist sie immer wieder dem Tode nahe, meistens bettlägerig und zeitweise total gelähmt. Einer ihrer besten Biographen, Ernst Schering, hat zweifellos recht, wenn er sagt, daß unter heutigen Verhältnissen Theresia wahrscheinlich im Irrenhaus gelandet wäre.

Das spricht nicht für die heutigen Verhältnisse und es spricht ganz bestimmt nicht für unsere Irrenhäuser. Denn dies ist das Erstaunliche an der Neurose der heiligen Theresia: Nach drei Jahren klingen die fürchterlichen Symptome ab. Aus der Neurotikerin wird eine der schöpferischsten und tatkräftigsten Persönlichkeiten des Jahrhunderts.

Wie hat sie das geschafft? Welche Tabletten hat sie genommen? Bei welchem Psychotherapeuten ist sie gewesen? Sie hat keine Tabletten genommen und keinen Psychoanalytiker. Unablässig hat sie das Buch Hiob gelesen, jenen Abschnitt des Alten Testaments, in dem das Elend des leidenden Menschen ohne jeden frommen Trost geschildert wird. Und sie hat das Bild des Gekreuzigten betrachtet nach jenem Wort Augustins, daß einer dunklen Seele nur durch den Anblick des Leidens geholfen werden kann.

Ich erzähle das nicht, um die Religion als Ersatz für

die Medizin zu empfehlen. Ich meine nur: Die Heilung der Theresia von Avila zeigt aufs deutlichste, daß es bei seelischen Krankheiten eben sehr darauf ankommt, was man unter der Seele versteht.

Die heilige Theresia jedenfalls geht aus dieser schweren psychosomatischen Erkrankung außerordentlich vertieft und gefestigt hervor. Sie weiß jetzt, was sie will. Den entscheidenden Schritt tut sie im Jahre 1562. Mit einem Dutzend Mitschwestern verläßt sie das Kloster zur Menschwerdung und gründet ein Kloster der Reform. Es soll der Anfang sein zu einem neuen Zweig des Karmelitinnenordens, bestimmt für Frauen, die im Kloster nicht die Versorgung suchen, sondern die Begegnung mit Gott.

Das Wort «Kloster der Reform» wird heute niemanden sonderlich aufregen. Wir haben in den letzten Jahren in der Katholischen Kirche bis zum Überdruß von Reform geredet. Warum sind wir damit so kläglich gescheitert? Theresia von Avila hätte es uns sagen können: Sie wußte, daß jede anständige, jede echte Reform in der Kirche nicht bei der Liturgie zu beginnen hat, nicht bei der Theologie und nicht bei der Organisation, sondern bei den Finanzen. Das Reformkloster der heiligen Theresia fällt erst einmal auf durch völlige Besitzlosigkeit und völlig anspruchslose Lebensführung.

Die Aufregung darüber in der Stadt Avila ist unbeschreiblich. Man mag sie etwa vergleichen mit der

Aufregung in einem bürgerlichen Quartier, wenn plötzlich eine linke Kommune auftaucht. Daß nämlich Frauen ohne Mann im Kloster leben, das können die Leute schon verstehen – vorausgesetzt, diese Frauen sind wenigstens gut versorgt. Daß aber Frauen sich anmaßen, ohne Mann und ohne Geld auszukommen, das erscheint so unvorstellbar, daß sofort die wildesten Spekulationen und Gerüchte entstehen.

So werden die letzten zwei Jahrzehnte im Leben der Heiligen zu einem Kampf auf Leben und Tod.

Nacheinander gelingt ihr die Gründung von siebzehn reformierten Klöstern; aber fast pausenlos ist sie dafür im Ochsenkarren auf den unsicheren Landstraßen Spaniens unterwegs, um in endlosen Auseinandersetzungen mit Bischöfen, Prälaten und Bürgermeistern ihr Werk vor der drohenden Vernichtung zu retten. Sie verirrt sich in der wüsten Sierra Morena und wird knapp vor dem Verdursten gerettet. Dann steckt sie plötzlich mitten in einem Schneesturm. Sie wird von Banditen überfallen und von Landstreichern belästigt. Auf einem losgerissenen Floß treibt sie die Stromschnellen des Guadalquivir hinunter.

Weit gefährlicher als die Strudel des Guadalquivir sind für ihr Leben die Nachstellungen der Inquisition. Friedrich Heer hat einmal darauf hingewiesen, daß von allen Visionen der heiligen Theresia die Visionen der Hölle am aufschlußreichsten sind. Sie hat sich

nämlich die Hölle ganz anders vorgestellt als Dante. *Ihr* Bild der Hölle ist bis ins letzte Detail das Bild einer Folterkammer der Spanischen Inquisition.
Diese Hölle droht der heiligen Theresia um so mehr, als die persönliche Diffamierung schon immer die schärfste Waffe der innerkirchlichen Reaktion war. Hier der zufällig erhaltene Wortlaut des Briefes eines spanischen Prälaten an den Papst: «Viele Male habe ich Eurer Heiligkeit von jener Theresia geschrieben, von jener Betrügerin und ihrer Arglist, wie sie scheinheilig ihre Ausschweifungen und Schandtaten unter dem Deckmantel von Klostergründungen verübt. Unlängst nun reiste diese Nonne in einem geschlossenen Wagen. Mitten auf dem Platz von Medina del Campo zerbrach der Wagen, und die große Menge auf diesem Platze konnte sehen, wie besagte Nonne mit einem gewissen Mönch ihr heiliges Gelübde brach.»
Der päpstliche Nuntius in Madrid, Philipp Sega, bezeichnet sie mal als «Landstreicherin», mal als «unruhiges, umherschweifendes, ungehorsames und verstocktes Weib». Kein Wunder, daß ihr wichtigster Mitarbeiter, der heilige Johannes vom Kreuz, jahrelang im Kerker verschwindet. Auch gegen sie selbst ermittelt die Inquisition, doch entgeht sie dem Prozeß – hauptsächlich dank dem sagenhaften Geschick, mit dem sie ihre Beichtväter auswählt und mit dem sie verfängliche theologische Fragen zu meiden weiß.

Um so gründlicher hat die Inquisition dafür ihre Schriften verstümmelt, besonders dort, wo sie über die Stellung der Frau in Kirche und Gesellschaft spricht. Wir wissen, daß sie sich leidenschaftlich dagegen gewehrt hat, als Frau ein Mensch zweiter Klasse zu sein. Wir wissen, daß sich sich auf Jesus berufen hat, um das Wort des heiligen Paulus zu entkräften, die Frau habe in der Kirche nichts zu sagen. Wir wissen, daß sie in schwierigen Stunden ihren Mitschwestern zu sagen pflegte: «Es ist gewiß schwer, als Frau im Kloster zu leben. Aber denkt daran: Es ist noch viel schwerer, der Tyrannei eines Ehemannes unterworfen zu sein.» So war sie denn ihr ganzes Leben lang bemüht, nicht eine sogenannte typische Frau zu sein, sondern ein ganzer Mensch. «In dem allgemeinen Schwanken und der stets weiter um sich greifenden Verzagtheit», schreibt Schering, «war sie die einzige wahrhaft männliche Figur.»

15. Stück

Ludwig der Vielgeliebte

Worin wir lernen,
daß Politik Männersache werden muß

Meine Herren! Das Leben König Ludwigs XV. von Frankreich steht als mahnendes Zeichen vor uns in der Geschichte. Denn es zeigt, wie weit es mit einem Mann kommen kann, wenn er sich von Frauen beherrschen läßt.
Die Gräfin de Mailly, Madame de Vintimille, Madame de Lauraguais, Madame de la Tournelle, Mademoiselle de Charolais, Madame d'Estrées, Madame Adélaïde, Madame Victoire, Madame Sophie, Madame Louise, die Marquise de Flavacourt, Madame d'Amblimont, die Prinzessin de Robecq, die Gräfin de Forcalquier, die Gräfin de Choiseul-Beaupré, Madame de Coislin, Mademoiselle Dorothée, Mademoiselle Marie-Louise, Madame du Hausset, Mademoiselle la Fouquet, Mademoiselle Robert, Madame la Nicquet, Mademoiselle de Romans, unzählige andere und vor allem sie, die schlimmste, Madame de Pompadour – sie alle haben König Ludwig XV. nicht nur verführt, sondern auch hemmungslos an der Nase herumgeführt, bis weit hinein in die wichtigsten Staatsgeschäfte.

Dabei hat alles in bester Ordnung angefangen, nämlich in jener Ordnung, die Ludwig XIV. seinem Urenkel hinterließ. Für den Sonnenkönig waren Frauen ja nur ein bedeutungsloser Zeitvertreib; mit seiner Mätresse, Madame de Maintenon, übte er sich mehr in Frömmigkeit als in irgendetwas anderem, und so herrschte Ordnung im Staat. Als der Sonnenkönig am 1. September 1715 stirbt, führt Kardinal Fleury, der Erzieher des Thronfolgers, den fünfzehnten Ludwig auf den Balkon des Schlosses von Versailles, zeigt ihm das andächtig versammelte Volk und sagt: «Schauet, o Herr, schauet dieses Volk. Eh bien, es gehört euch, es ist euer Eigentum. Ihr seid der Herr.»
Das stimmt natürlich nicht: Ludwig XV. ist ja erst fünf Jahre alt, und Herr im Lande ist in Wirklichkeit Kardinal Fleury. Er möchte es möglichst lange bleiben. Kaum ist der König den Kinderschuhen entwachsen, wendet der Kardinal die denkbar simpelste List an, um das Interesse des jugendlichen Monarchen von den Staatsgeschäften abzulenken: Er fördert sein Interesse für die Frauen.
Opfer dieser Machtstrategie des Kardinals ist zuerst die Königin: Mit fünfzehn Jahren hat Louis die dreiundzwanzigjährige Polenprinzessin Marie Leczinska geheiratet. Wie wenig er in den ersten Jahren der Ehe dazu kommt, sich mit der Politik zu befassen, ist allein daraus ersichtlich, daß die Königin in neun Jahren zehn Kinder von ihm bekommt. Als aber der Kardi-

nal den Eindruck gewinnt, daß die Liebe des jungen Königs zu seiner Frau erkaltet, handelt er unverzüglich: Zwecks weiterer Ablenkung von der Politik besorgt er ihm Mätressen.

Er besorgt das so gut, daß die Höflinge in Versailles Ludwig XV. bald nur noch Louis le Bien Aimé nennen: «Ludwig der Vielgeliebte». Da der alte Kardinal das politische Heft fest in der Hand hält, bleibt der Einfluß der galanten Damen noch beschränkt auf das königliche Privatleben. Dort aber ist er um so stärker. Und da die Höflinge den König selbstverständlich bis in alle intimen Einzelheiten nachahmen, verändert sich der gesamte Lebensstil in Versailles und bekommt das Gepräge der Weiberwirtschaft. Bis hinein in die Architektur und die Möblierung. Mit einem Mal gefallen niemandem mehr die großen, strengen Räume, in denen Ludwig XIV. regiert hat. Das ganze Innere des Schlosses wird umgebaut, die großen Säle aufgeteilt in zahlreiche kleine und kleinste Appartements mit verspielten Möbeln, mit unendlich viel Zierat und Schnickschnack, vielen Vorhängelchen, hinter jedem Vorhängelchen ein Türchen, hinter jedem Türchen ein Treppchen, hinter jedem Treppchen wieder ein Türchen, dahinter wieder ein Vorhängelchen, ein Treppchen – mit einem Wort: der Stil Ludwig XV. – Louis Quinze – ist, wie der französische Historiker Charles Kunstler gesagt hat, ein einziger Triumph der Frau.

Bald wird sie auch in der Politik triumphieren. 1743 stirbt Kardinal Fleury. Der letzte Damm der Männerherrschaft ist gebrochen. Wir gehen jetzt mit großen Schritten der Katastrophe zu.

Für den weichlichen, melancholischen König übernimmt seine Mätresse, Madame de Châteauroux, die Leitung der Außenpolitik. Sie ist der Überzeugung, daß Frankreich nichts so dringend braucht wie glorreiche Kriege. Mit größter Energie stürzt sie sich in den bisher nur lau geführten Österreichischen Erbfolgekrieg. Die Folgen bekommt alle Welt sofort zu spüren: die Franzosen durch massive Steuererhöhungen – Schlachtenruhm ist teuer –, die Deutschen durch das Kriegselend, das die französischen Armeen ins Land bringen. Selbst der arme Louis hat nichts zu lachen: Die kriegslüsterne Châteauroux schleppt ihn zwischen Flandern und Lothringen von einem Schlachtfeld zum andern.

In Lothringen bekommt Louis vom Pulverdampf so starken Durchfall, daß er auf dem Feldbett zu sterben glaubt. Der Bischof von Metz nutzt die Stunde der Todesangst, um dem König in aller Deutlichkeit zu sagen, die Krankheit, an der er leide, sei nicht der Durchfall, sondern Madame de Châteauroux, und er möge die Dame gefälligst aus seinem Privatleben und aus der Politik entfernen, wenn er nicht in die Hölle kommen wolle. Louis gehorcht, schickt Madame de Châteauroux in die Wüste und wird prompt gesund.

Sofort kehrt sich sein Entschluß wieder um: Er nimmt Madame de Châteauroux wieder bei sich auf und schickt dafür den Bischof von Metz in die Wüste.
Und es ist alles schlimmer als zuvor. Als Ludwig xv. 1748 dem Frieden von Aachen zustimmen muß, sind die französischen Staatsfinanzen zerrüttet, der französische Seehandel ist ruiniert, und die Engländer behalten als Kriegsbeute einen großen Teil der französischen Kolonien.
Nicht einmal der Tod von Madame de Châteauroux vermag die Staatsfinanzen zu sanieren, denn jetzt tritt an ihre Stelle das verschwenderischste Weib der Geschichte: Madame de Pompadour.
Es wäre falsch zu behaupten, Ludwig xv. habe sich die Pompadour zur Mätresse genommen. Vielmehr hat sich die Pompadour den König genommen, und zwar nach einem zielstrebig ausgeklügelten Plan. Jahrelang ist sie in einer kleinen Kutsche den Jagdpartien des Königs gefolgt. Wo immer sich der König, einem Eber folgend, ins Gebüsch stürzt, findet er im Gebüsch die Pompadour, als Nymphe verkleidet. Und wenn sie nicht als Nymphe im Gebüsch sitzt, dann intrigiert sie über alle möglichen Höflinge und Hofkapläne. Auf einem Maskenball im Jahre 1745 gelingt es ihr, den König endgültig an ihre Reize zu fesseln.
Natürlich teilt sie die Ambition ihrer Vorgängerin, über das königliche Bett Politik zu machen. Und die schönste Sorte Politik ist allemal die Außenpolitik.

Da bietet sich gerade eine fabelhafte Gelegenheit, die erlittenen Niederlagen gegen Österreich wiedergutzumachen und die lebensgefährliche Umklammerung Frankreichs durch Österreich endgültig zu beseitigen. Denn die Kaiserin in Wien, Maria Theresia, hat Streit mit Friedrich II. von Preußen. Alles spricht für eine Allianz zwischen Frankreich und Preußen: die freundschaftlichen Bande zwischen Versailles und Potsdam, die strategische Lage und das politische Interesse Frankreichs. Nur eines spricht dagegen: Friedrich II. hat sich in ein paar lästerlichen Gedichten über Madame de Pompadour lustig gemacht. Wider alle politische Vernunft begibt sich jetzt die Pompadour an Österreichs Seite in den siebenjährigen Rachefeldzug gegen den König von Preußen.
Der französische Philosoph Blaise Pascal hat gesagt, daß der Gang der Weltgeschichte abhängig sei von so lächerlichen Dingen wie der Nase der Kleopatra. Für die Nase Madame de Pompadours gilt das bestimmt. Denn der unvorstellbar törichte militärische Rachefeldzug einer Frau gegen ein paar harmlose Verse verändert das Gesicht der Welt zum Schaden Frankreichs. Halb Nordamerika, bisher französische Kolonie, geht verloren an die mit Preußen verbündeten Engländer. Fast die ganze französische Handelsflotte wird bei Cherbourg vernichtet. Und was den Siegeszug nach Berlin betrifft: er bringt nebst französischen Niederlagen nur die Verwüstung von Westfalen und

Hannover durch die Truppen Madame de Pompadours. Etwa eine Million Menschen haben den Rachefeldzug von Ludwigs Mätresse gegen die Verschen Friedrichs II. mit dem Leben bezahlt.
Die Niederlagen in Preußen und Amerika schüren den Hader im Innern. Als eine nochmalige Steuererhöhung die Kriegskosten decken soll, rebellieren sämtliche Provinzparlamente. Selbst der Klerus spricht von Ungehorsam, weil auch er, zum ersten Mal seit Jahrhunderten, Steuern bezahlen soll. In ganz Frankreich brechen Hungersnöte aus. Jetzt reut es Ludwig XV., daß er das Staatsvermögen mit seiner Weiberwirtschaft verschleudert hat. Um das Geld wieder hereinzubringen, gründet er eine Handelsgesellschaft, die das Getreide aus dem hungernden Frankreich exportiert und dann, auf Umwegen und zu weit überhöhten Preisen, wieder einführt.
Richelieu, der das nicht mehr mitansehen mag, führt dem König eine neue Mätresse zu: Jeanne Vaubernicr. Es handelt sich um eine Kneipenwirtin. In ihrem Bett sinkt der senile König in seinen letzten Lebensjahren ab in die ordinärsten Niederungen sexueller Hörigkeit. Mit ihm sinkt der französische Staat in einen Zustand, der am besten umschrieben wird mit jenem Wort, das Madame de Pompadour vielleicht nicht gesprochen hat, das ihr aber zu Recht zugeschrieben wird: «Nach uns die Sintflut.»
Am 10. Mai 1774 ist Ludwig XV. gestorben. Worüber

der Hofprediger gesprochen haben mag bei dem prunkvollen Staatsbegräbnis? Am besten hätte er gesprochen über jenes Gebot der Heiligen Schrift, das da steht im ersten Brief des heiligen Paulus an die Korinther, 14. Kapitel, 34. Vers: «Es ist dem Weibe aufgetragen, zu schweigen und dem Manne untertan zu sein. Wie das Gesetz es befiehlt.»
Und an dieses Gesetz, meine Herren, wollen wir uns halten. Damit es uns nicht auch so schlimm ergeht wie König Ludwig XV. von Frankreich.

16. Stück

Der Brief an Monsieur Godtheit

Worin wir lernen,
wie zuverlässig die Post in Deutschland
einmal war

Es war einmal vor vielen vielen Jahren, da betrachtete es die Post als Ehrensache, Briefe möglichst schnell und möglichst an die richtige Adresse zu befördern. Beweis? Am 30. April 1753 brüten in Leipzig zwei Postbeamte über einem Brief, der folgende unverständliche Adresse trägt:

Monsieur Godtheit
professeur à l'Université
Leipsick.

Daß «Leipsick» Leipzig sein müsse, scheint den beiden beflissenen Pöstlern klar. Aber «Monsieur Godtheit, Universitätsprofessor»? Es gibt nicht einmal an der theologischen Fakultät einen Professor dieses Namens. So entschließen sich die beiden Leipziger Pöstler nach langem Rätselraten, den Brief zu öffnen. Indes, der Wortlaut ist noch unverständlicher als die Adresse:
«Cher Monsieur Godtheit, er habt mir ein gescheuch

verehret, welches ich nicht werth bin. ich bin zu alt, um zu lern deutsche sprache. Mais je serai un français reconnaissant toute ma vie des bontez que vous m'avez témoignées dans mon séjour à Leipsick.»

Dann erstarren die beiden Postbeamten vor Respekt. Unter dem unverständlichen Kauderwelsch steht der berühmteste Name des Jahrhunderts; das größte Genie der Epoche hat diesen Brief geschrieben, der Mann, der in eben diesem Jahr 1753 zu Recht seufzt, er könne keinen Schritt mehr tun und kein Wort mehr sagen, ohne daß ganz Europa auf ihn starre. Der Brief an «Monsieur Godtheit» in «Leipsick» endet mit der Formel:

«Ich bin ohne umstand sein gehorsamer diener, *Voltaire.*»

Es zeugt vom hohen intellektuellen Niveau der deutschen Post im Jahre 1753, daß die beiden Beamten in Leipzig jetzt blitzschnell schalten: Der «cher Monsieur Godtheit» kann niemand anders sein als der Leipziger Sprachwissenschaftler Johann Christoph Gottsched, den Voltaire ein Jahr zuvor besucht hat. «Er hat mir ein gescheuch verehret» muß wohl heißen «Sie haben mir ein Geschenk verehrt», und es kann sich dabei nur um jene berühmte Grammatik handeln, mit der Gottsched das moderne Hochdeutsch begründet hat. Und auch der folgende Satz «Ich bin zu alt, um zu lern deutsche sprache» bedarf wohl der Übersetzung. Denn wenn Voltaire Bescheidenheit mimt, dann lügt er allemal. Dieser Satz kann nur heißen: «Ich schäme mich, daß ich nach drei Jahren Aufenthalt in Deutschland noch immer keinen einzigen anständigen deutschen Satz zuwege bringe.»

Voltaire und die deutsche Sprache: Alle Widersprüchlichkeiten, die das Urteil der Franzosen über unsere Sprache im großen, klassischen, im 18. Jahrhundert kennzeichnen, finden sich im Kopf Voltaires zu einem Salat vereinigt, so wirr und ungereimt wie sein Brief an Gottsched.

Da ist einmal eine abgrundtiefe Schicht von uralten Vorurteilen. Nicht nur die Franzosen und die übrigen lateinischen Völker haben diese Vorurteile gehabt, sondern zum Teil auch die Deutschen selbst. Jedenfalls ist es ein deutscher Kaiser, Karl v., der dafür die kürzeste Formel in die Welt gesetzt hat. «Wenn ich mit Damen sprechen will», sagte Karl v., «spreche ich italienisch. Wenn ich mit Herren spreche, tue ich es auf französisch. Wenn ich mit Gott spreche, tue ich es auf spanisch. Wenn ich aber mit meinem Pferd spreche, dann spreche ich deutsch.»

Kaum in Berlin angekommen, findet sich Voltaire 1750 in diesem schönen alten Vorurteil wunderbar bestätigt. Er schreibt nach Paris: «Hier befinde ich mich in Frankreich. Man spricht hier nur unsere Sprache. Das Deutsche ist gerade gut genug für Landsknechte und Pferde. Man braucht es gelegentlich auf der Straße. Natürlich fühle ich mich als guter Patriot geschmeichelt, daß man sich hier, meilenweit von Paris entfernt, so ganz ans französische Vorbild hält.»

Geschmeichelt also fühlt sich Voltaire – und es ist nicht irgend jemand, der ihm da in seinem französischen Patriotismus schmeichelt, sondern sein königlicher Gastgeber, Friedrich II. von Preußen höchstpersönlich. Stellen wir uns die Szene vor:

In der berühmten Tafelrunde bei Kerzenschein im Schloß Sanssouci, wo es streng verboten ist, auch nur ein Wort deutsch zu sprechen, schwatzt der Preußenkönig vor seinen großteils französischen Gästen zum hundertsten Mal seine idée fixe daher: das Deutsche sei eine grenzenlos häßliche Sprache, von Hunnen und andern Barbaren erfunden, und er, Friedrich, werde jedenfalls bis zu seinem Tode deutsche Literatur nur in französischer Übersetzung lesen.

Die frankophile Runde in Potsdam lacht. Nur einer sitzt am Tisch, der nicht so recht weiß, ob er lachen soll oder nicht. Das ist Voltaire. Denn einerseits fühlt natürlich auch er sich in seinen patriotischen Gefühlen bestätigt. Und vor allem: Er ist nach Deutschland gereist mit der gleichen Angst, die er schon in Holland hatte: daß es ihm, dem größten Meister der geistreichen Konversation, passieren könnte, in einer Fremdsprache mitreden zu müssen, in einer Sprache also, in der seine ganze rhetorische Überlegenheit über den Rest der Menschheit mit einem Mal null und nichts wäre.

Aber anderseits: Während er am Tisch in Sanssouci sitzt und so halb mitlacht, weiß Voltaire doch ganz genau, daß die Witze, die der Preußenkönig da über die Sprache seines eigenen Volkes macht, nichts anderes sind als grenzenlos provinziell. Provinziell im eigentlichen Sinn des Wortes. Denn im Jahre 1750 ist Berlin tiefste Provinz. Die Metropole der Welt ist Paris. Dort denkt man 1750 ganz anders über die deutsche Sprache als in Berlin. So seltsam es klingt: Im Jahre 1750 wird am Hof in Versailles viel mehr deutsch gesprochen als am Hof in Potsdam. Mehr noch: Während im Salon zu Potsdam Friedrich II. Voltaire seine Witze über die deutsche Sprache andient, gelten in den Salons von Paris selbstverfaßte Gedichte in deutscher Sprache als äußerst chic.

Angefangen hat diese Mode wie so manche andere in den Weibergemächern des Schlosses von Versailles. Die Königin, Maria Lescinka, und die Thronfolgerin, Maria-Josepha von Sachsen, haben sich mit einem ganzen Schwarm von deutschen Hoffräulein umgeben. Um den beiden Majestäten zu schmeicheln, vor allem aber den vielen blonden jungen Damen um die beiden Majestäten herum, beginnt der halbe Hof in Versailles, deutsch zu büffeln. Das gängigste französische Lehrbuch der deutschen Sprache, der «Maître de la langue allemande», erlebt nacheinander acht Auflagen. Auf der Titelseite sieht man die Königin und den Dauphin, dazu den Spruch:

«Hier zeigt die Königinn dem Königs-Prinzen an,
Wie man die deutsche Sprach in Frankreich
lernen kann.»

Und das Vorwort wendet sich an Maria-Josepha von Sachsen mit den Worten:
«Alle Vorurteile, die man sonst von der Rauhigkeit der deutschen Sprache geheget, sind ja völlig verschwunden, seitdem E. Königl. Hoh. von dero Lippen, darauf alle Gratien ihren Sitz haben, mitten in Paris, und selbst bei Hofe, bisweilen das Deutsche reizend haben hören lassen, daß dessen Anmuth aller Ohren fast bezauberd hat.»
Wie in den Weibergemächern von Versailles so in den Salons von Paris. Wer nichts versteht von der neuesten deutschen Literatur, kann dort gar nicht mehr mitreden. Herder berichtet, er habe einen ganzen Abend lang zugehört, wie man sich in einem Pariser Salon über einen deutschen Dichter namens «Monsieur Klopf» ereifert habe. Es muß sich wohl um Klopstock gehandelt haben. Und ein Junge von acht Jahren namens Jean Pougens wird als Weltwunder bestaunt, wenn er ein selbstgeschriebenes deutsches Gedicht vorträgt. Es trägt den Titel:

«Das Morgenröthe.»

Natürlich hat Voltaire erfahren, was in Paris los ist, und so fühlt er sich nun in Berlin hilflos zwischen zwei gegensätzliche Lächerlichkeiten eingeklemmt: Einerseits hat er Angst, er, der größte Philosoph des Jahrhunderts, könnte in der Fremdsprache Deutsch stottern und so sein rhetorisches Renommée verlieren. Anderseits hat er Angst, eines Tages, aus Deutschland kommend, wieder in den Salons von Paris aufzutauchen und nicht einmal zu wissen, was «Das Morgenröthe» heißt.

Um der ersten Lächerlichkeit zu entgehen macht er Friedrichs Witze über die deutsche Sprache mit, ja er setzt sogar selber in Berlin das böse Wort in die Welt, Deutsch sei eine Sprache für Leute, die zuviel Zisch- und Knacklaute auf der Zunge haben und zuwenig Ideen.

Aus Angst vor der zweiten Lächerlichkeit aber – eben nicht mithalten zu können mit der Mode in Paris – tut der größte Mann des Jahrhunderts jetzt etwas, was man wirklich nur einem dummen kleinen Jungen zutrauen würde. Jeden Morgen nach dem Frühstück zieht sich Voltaire in Sanssouci in sein Arbeitszimmer zurück, schließt sorgfältig Türen und Fenster, öffnet dann das Geheimfach seines Schreibtisches, zieht daraus ein Lehrbuch der deutschen Sprache heraus und büffelt heimlich und verbissen:

«Ich bin, du bist, er ist, wir sind, ihr seid, sie sind.»

Mitten in Deutschland lernt Voltaire heimlich Deutsch. Das dauert zwei Jahre. Vielleicht ist es nicht ganz die richtige Methode, jedenfalls kommt Voltaire zu nichts. Nach zwei Jahren heimlicher Büffelei kann

er noch immer nicht mehr Deutsch als in seinem Brief an «Monsieur Godtheit» zum Ausdruck kommt.
Voltaire gibt auf: «Ich stoße immer wieder auf Deutsche, die ihre eigene Sprache melodisch finden. Warum nicht? Schließlich klingt ja auch das Russische im Ohr eines Russen melodisch.»
Er flieht in die Arroganz: «Sie sind gewiß genau wie ich der Meinung», schreibt er dem Marquis de Thibouville, «daß es einfach lächerlich wäre, wenn ein Schriftsteller wie ich, der immerhin die Henriade verfaßt hat, als alter Mann jetzt noch anfangen würde, Deutsch zu lernen, nur um sich mit einer Serviererin im Café verständigen zu können.»
Dann wieder zeigt er Reue: «Ich kann es mir nicht verzeihen», schreibt er an Otto von Schönaich, «daß es mir nicht gelungen ist, Deutsch zu lernen. Es ist Ihre Sprache, und es ist die Sprache Gotscheds, es ist eine Sprache, die eigentlich jeder kennen müßte, der sich für Literatur interessiert.»
Vor allem aber: Voltaire ärgert sich. Das heißt: er wird jetzt schöpferisch. Und er macht sich an sein bestes Stück, «Candide», eine Satire auf deutsche Universitätsprofessoren und Provinz-Potentaten. Darin setzt er seinem Gastgeber Friedrich dem Großen folgendes Denkmal: «Der Herr Baron Thunder-ten-Tronckh war einer der mächtigsten Herren in Westfalen. Denn sein Schloß hatte eine Türe. Und sogar Fenster.»

17. Stück

Gottfried Keller als Gründer einer kriminellen Vereinigung

Worin wir lernen, daß die Liebe zu Deutschland nicht unbedingt glücklich macht

«Wohl mir, daß ich dich endlich fand,
Du stiller Ort am alten Rhein,
Wo ungestört und ungekannt
Ich Schweizer darf und Deutscher sein.»

Wer hat das geschrieben? Ein Schweizer Nazi in den dreißiger Jahren? Ein Landesverräter? Nein. Geschrieben hat diesen Vers der glühendste schweizerische Patriot, der Sänger der Demokratie: Gottfried Keller.

Wie konnte das passieren? Das ist nur zu verstehen, wenn wir uns alles aus dem Kopf schlagen, was wir uns so typischerweise unter der Schweiz vorstellen. Gottfried Keller ist ein Mann des 19. Jahrhunderts, und im 19. Jahrhundert ist die Schweiz ein ganz anderes Land gewesen als heute. Politisch ist die Schweiz damals das revolutionärste, das fortschrittlichste Land in Europa. Die schweizerische Abstimmungsdemokratie zum Beispiel, heute als politische Folklore belächelt, ist damals ein radikaldemokratisches Experiment, das bei der Reaktion in ganz Europa die schlimmsten Ängste hervorruft. Die Schweiz ist ein Hafen der Zuflucht für die verfolgten Linken in ganz Europa: deutsche, italienische, russische Emigranten drängen sich in Zürich. Lenin selbst wird noch in den Jahren vor dem Ersten Weltkrieg hier Asyl finden. Und die «Neue Zürcher Zeitung» ist noch stolz darauf, eine «radikale» Zeitung zu sein. Woran man sieht, wie sich alles auf der Welt ändern kann.

Der radikalste unter den Radikalen aber ist der junge Gottfried Keller. Er schreibt fürchterliche Pamphlete gegen «die Schwarzen» und für «die Roten». Mehr noch: Er predigt die Revolution mit der Waffe in der Hand.

Das ist im Jahre 1845. Keller ist sechsundzwanzig Jahre alt. Etwa achtzig radikale Jünglinge brechen bewaffnet aus Zürich auf, um im benachbarten Luzern die schwarze Regierung zu stürzen. Voran zieht Gottfried Keller mit der großen Trommel.

Die radikale Bande kommt nicht weit. Sie scheitert nicht an Polizisten und nicht an Richtern, sondern an der schweizerischen Psychologie. Überall am Wegrand stehen die Bauern und schimpfen: «Ja händ ihr dänn nüt Gschyders z'tue? I euem Alter sött me schaffe, nüt politisiere!»

Dann hat ein Bauer die Idee, sich nicht nur die Trommel, sondern auch das Gewehr des radikalen Banden-

führers etwas näher anzuschauen. Er fragt: «Wie heißisch du? – «Ich heiße Gopfried», antwortet Keller wahrheitsgemäß. «Soso, Gopfried heißisch und wotsch ä Revolution mache. Aber», und jetzt deutet der Bauer auf Gottfrieds Gewehr, an dem der Zündstein fehlt, «dis Gwehr schüßt ja gar nöd!»
Ob dieser militärischen Blamage bricht der radikale Haufe moralisch zusammen. Sie ziehen sich ins nächste Dorf zurück, lassen sich in der Wirtschaft vollaufen und kehren dann bei Nacht und Nebel schamvoll nach Zürich zurück. Und noch in selbiger Nacht schreibt Gottfried in sein Tagebuch, er wolle nie mehr im Leben eine bewaffnete Revolution machen. Was lehrt uns das? Das lehrt uns, daß schweizerische Bauern im Umgang mit Radikalen mehr von Psychologie verstehen als deutsche Richter, Polizisten und Minister.
Was aber hat der Linksradikalismus des jungen Gottfried Keller mit seiner Liebe zu Deutschland zu tun? Sehr viel, wenn auch auf untergründige Weise. Der politische Wunsch nach der Einheit aller Deutschen gilt damals, unter der Fuchtel Metternichs und im Zeichen der fürstlichen Vielstaaterei, in Deutschland selber als linksradikal. Sogar Turnvater Jahn kommt ins Gefängnis, nur weil er für die Einheit Deutschlands ist. Dieses alldeutsche Ideal der deutschen Linken aber bleibt nicht ohne Einfluß auf die jungen Intellektuellen in der deutschen Schweiz. Es ist die Zeit,

in der der junge Basler Historiker Jacob Burckhardt in Köln nichts anderes im Sinn hat, als die Erde des größeren deutschen Vaterlandes zu küssen.
Den Gottfried Keller küßt derweil die alldeutsche Muse. Er besingt den Rhein:

«Nun wallt der Glückliche hinieder,
Hin in mein zweites Heimatland:
O grüß mir all die deutschen Brüder,
Die herrlichen, längs deinem Strand!»

Jaja, die herrlichen deutschen Brüder. Eine erste Gelegenheit, sie aus der Nähe kennenzulernen, hat Gottfried Keller schon von 1840 bis 1842, als er von der Stadt Zürich ein Stipendium bekommt, um in München Maler zu werden.
Landschaftsmaler will Keller werden. Aber für Landschaftsmalerei interessiert sich an der Kunstakademie in München zu der Zeit kein Mensch. So sitzt Gottfried in seiner Münchner Bude und malt – ja, was malt er in München? Er malt in München, nach mitgebrachten Skizzen, lauter Landschaften am Zürichsee. Gottfried Keller malt in München Zürich von links, Zürich von rechts, Zürich von vorne und Zürich von hinten. Nach einer Weile fragt er sich zu Recht, warum er eigentlich in Deutschland sei. Dies um so mehr, als er in München fast nur mit Schweizern verkehrt. Zum Schluß ist er Redakteur der Wochenzeitung

der Münchner Schweizergesellschaft. Das bringt aber nichts ein. Seine Groschen verdient er sich mit der blamabelsten Beschäftigung, die es für einen linksradikalen und alldeutschen Schweizer geben kann: Gottfried Keller bemalt im Akkord königlich-bayrische Fahnenstangen.

Es ist so gar nicht das Richtige. Aber kaum ist er wieder in Zürich, verklären sich ihm die Münchner Jahre nach dem Prinzip «Es war halt doch eine schöne Zeit», und er umgibt sich in Zürich hauptsächlich mit reichsdeutschen Freunden, genau wie er zuvor in München fast nur mit Schweizern vekehrt hat. Unter ihrem Einfluß geht er 1848 ein zweites Mal nach Deutschland: an die Universität Heidelberg als Philosophie-Student bei Ludwig Feuerbach. Dort erlebt er 1849 das Ende aller revolutionären Freiheitsträume der deutschen Linken: den Einmarsch der Preußen.

«Ich sah des Sommers helle Glut
Das deutsche Land durchziehn;
Es tobte dumpfer Wetter Wut,
Aus freien Herzen sah das Blut
Ich wild und heiß entfliehn.»

Darauf zieht Keller im Jahre 1850 von Heidelberg nach Berlin. Von dieser Stadt hatte er einmal gehofft, daß in ihr der Baum der gesamtdeutschen Freiheit errichtet würde:

«Dann schmückt man ihn, dann führt man ihn
Den hellen Rhein entlang,
Bis mitten in die Stadt Berlin,
Mit lautem Sang und Klang!

O Maienlust, o Freiheitsbaum,
So jugendlich und grün!
Wie wirst du, alter Menschentraum,
Dann ewig, ewig blühn!»

Aber es ist nicht der Maienbaum der deutschen Demokratie, den Gottfried Keller in Berlin blühen findet, sondern die höchst stabile Tyrannei der preußischen Militärmonarchie. Er schreibt: «Es gibt aber keinen besseren Bußort und Korrektionsanstalt als Berlin, und es hat mir vollkommen den Dienst eines pennsylvanischen Zellengefängnisses geleistet...»
Mit den Leuten in Berlin hat der Schweizer Gottfried Keller so wenig etwas anfangen können wie später der Rheinländer Konrad Adenauer. «Das Volk», schreibt er nach Hause, «ist mir zuwider.»
Und dann die Landschaft. Alles, was er dem Tegelsee an Reizen abgewinnen kann, ist dies:

«Fühlst nach der Heimat du das Weh,
O Fremdling, dich durchschauern,
Land an dem nordschen Geistersee,
Hier ist es schön zu trauern.»

Etwas weniger traurig stimmt ihn der Berliner Tiergarten:

«Ich bin ein Fremder hier zu Lande,
Wo Krongewalt herrscht allerwärts,
Mich binden nicht die starren Bande,
Doch dieser Hain erfreut mein Herz!»

Verse, als wären sie von Friederike Kempner. Offensichtlich ist Gottfried Keller in Berlin gar nicht in Form. Der Tiergarten ist ja auch kein Ersatz für die Demokratie. Als Keller 1856 aus Berlin nach Zürich zurückkehrt, sind die alldeutschen Träume seiner Jugend zerflogen. Sie sind gescheitert an der deutschen Wirklichkeit.

Jetzt schreibt er jene zahlreichen Hymnen und Festlieder auf das schweizerische Vaterland, die noch heute von eidgenössischen Männerchören liebend gern gesungen werden. Und er schreibt das klassische Lehrstück des demokratischen schweizerischen Patriotismus: «Das Fähnlein der sieben Aufrechten». Dabei verfällt er häufig in jene «überschweizerische Duselei», die er sonst selber kritisiert hat. Schlecht sind diese patriotischen Dichtungen trotzdem nicht. Vergessen wir es nicht: Keller ist der einzige deutsche Schriftsteller des 19. Jahrhunderts, der überhaupt Gelegenheit hatte, ein demokratisches Vaterland zu rühmen.

Ein radikaler Linker ist Gottfried Keller zu dieser Zeit längst nicht mehr, sondern ein liberaler Konservativer. 1861 wird er Staatsschreiber von Zürich. Wiederum nach dem Prinzip «Es war halt doch eine schöne Zeit», verklärt sich jetzt aber seine Erinnerung an Berlin. Als 1870 der Deutsch-Französische Krieg ausbricht, da bricht aus dem einundfünfzigjährigen Keller die Jugendliebe zu Deutschland noch einmal hervor. Er nimmt an den Siegesfeiern der deutschen Kolonie in Zürich teil. Und flucht über die «Franzosenborniertheit» jener Schweizer, denen der preußische Triumph weniger Freude macht als ihm. Dann, im März 1872, noch in der Euphorie über den deutschen Sieg, läßt er sich zu einem öffentlichen Eklat hinreißen. Bei der Abschiedsfeier für einen deutschen Professor, der aus Zürich nach Straßburg geht, hebt Keller sein Glas und sagt sinngemäß, wenn Deutschland zu einer demokratischen Staatsform finde, an jenem Tag sei in einem solchen Deutschland auch ein Platz für die Schweiz.

Über diesen Trinkspruch gibt es eine derartige Aufregung in der schweizerischen Presse, daß Keller von da an den Mund hält. Aber nichts spricht dafür, daß er seine Meinung geändert hat. Noch in seinem großen Alterswerk, in dem Roman «Martin Salander», macht er sich lustig über jene Schweizer, die glauben, den Deutschen mit kleinlicher Gehässigkeit und mit politischer Schulmeisterei begegnen zu müssen.

Und noch in einem andern Punkte hat er seine Meinung nicht geändert: Keller hat sich nie als schweizerischer, sondern immer als deutscher Schriftsteller gefühlt. Jene Leute, die von einer schweizerischen Literatur sprechen, nennt er wörtlich die «ewigen Gründer einer literarischen Hausindustrie», und er verwahrt sich dagegen, «zu den Berner Oberländer Holzschnitzereien, Rigistöcken mit Gemshörnern und soweiter» gezählt zu werden. «Der deutsche Schweizer», schreibt Gottfried Keller, «... holt seine Bildung aus den tiefen Schächten des deutschen Volkes.»
Am 15. Juli 1890 ist Gottfried Keller gestorben. Die Liebe zu seinem «zweiten Heimatland» ist bis zum Schluß eine unglückliche Liebe geblieben. Denn ach, die «tiefen Schächte des deutschen Volkes» – sie lagen bis zu seinem Tod noch immer so tief begraben unter dem Schutt der politischen Reaktion wie damals, als der Sänger der Demokratie noch nichts anderes war als ein junger linksradikaler Bandenführer.

18. Stück

Das gestörte Konzert zu Versailles

Worin wir lernen,
wie nobel Revolutionäre sein können

Daß die Frau das eigentliche Unheil im Leben des Mannes sei, das zu behaupten ist ein bißchen übertrieben. Aber soviel ist schon wahr: meist kündigt sich das Unheil in Gestalt einer Frau an.

Das Unheil im Leben König Ludwigs XVI. kündigt sich an in Gestalt seiner Frau Marie-Antoinette. 1770 heiraten die beiden in Versailles. Er, der Thronfolger, ist sechzehn, sie ist fünfzehn. Mitgebracht hat sie aus Wien einen Brief ihrer Mutter Maria Theresia mit der Mahnung: «Restez bonne Allemande – bleib eine gute Deutsche!»

Typisch deutsch an Marie-Antoinette ist auf jeden Fall eines: Sie liebt die schönen, die gepflegten, die klassischen Konzerte. Hilflos deprimiert sitzt der König von Frankreich im Spiegelsaal zu Versailles und hört zu, wie neben ihm seine österreichische Gattin schwärmt: «Diese Musik! O diese Musik! Diese wunderbare Musik!»

Ein einziges Mal, ganz am Anfang seiner Herrschaft, hat der junge König Ludwig XVI. es einmal gewagt, den deutschen Kulturbetrieb im Spiegelsaal zu Versailles auf unerhörte Weise zu unterbrechen. Mitten in den feierlichsten Evolutionen des Orchesters beginnt Seine Majestät auf einmal ganz vulgär zu gähnen und zu stöhnen: «Diese Musik! Ach diese Musik! Diese langweilige Musik!»

Der Hof erstarrt vor Entsetzen. Dann sagt eine ältere Hofdame ganz laut zu ihrer Nachbarin: «Welch unköniglichen Zeiten, o Freundin, gehen wir entgegen! – Mon amie, quel règne se prépare!»

Aber Ludwig XVI. findet nicht bloß Konzerte langweilig. Er findet alles langweilig. Schlimmer noch: Er ist selber grenzenlos langweilig. Am langweiligsten ist er in jenen Dingen, die die Ehre eines Ehemannes am empfindlichsten berühren. Nach ein paar Ehejahren mit Marie-Antoinette werden bis weit über Frankreichs Grenzen hinaus unzählige Spottlieder gesungen, von denen das harmloseste den schön gereimten Refrain hat:

«Heimlich fragt sich jedermann,
Ob König Louis wirklich kann.»
«Le Roi peut-il? Ne peut-il pas?»

Der österreichische Schriftsteller Stefan Zweig hat einen ganzen tragischen Roman auf die Behauptung aufgebaut, der junge Louis habe sich mehr als zweitausend Nächte lang erfolglos bemüht, Marie-Antoinette seine Männlichkeit zu beweisen.

Das ist nicht wahr, das ist ein Produkt der österreichischen Phantasie. Und zwar in doppeltem Sinne. Wo immer man nämlich den peinlichen Gerüchten über die intime Schwäche Ludwigs XVI. nachgeht, stößt man auf Marie-Antoinette als Quelle. Nun ist der dikke, faule, schüchterne und willensschwache König gewiß kein Held der Liebe. Aber das wäre alles nicht so schlimm, wenn nicht auch sie einen höchst unköniglichen Fehler hätte, den heute noch die meisten Ehefrauen haben: Königin Marie-Antoinette hat von morgens bis abends über die intimen Fähigkeiten ihres Gatten unglaublich viel dummes Zeug dahergeschwatzt.

Natürlich ist Marie-Antoinette nicht an allem schuld. Aber sie ist schuld an sehr vielem. Sie bringt mit ihren Intrigen den Minister Turgot zu Fall, der in den ersten Regierungsjahren Ludwigs XVI. ein glänzendes politisches Reformwerk in die Wege leitet. Sie sorgt ein paar Jahre später für den Sturz des Genfer Financiers Necker, der in das Sodom und Gomorrha der französischen Finanzen etwas schweizerische Ordnung zu bringen versucht. Nach dem Staatsbankrott von 1789, dem Zusammentritt der Generalstände und dem Sturm auf die Bastille reizt sie mit ihren unzähligen Intrigen im In- und Ausland die Revolutionäre bis aufs Blut. Sie organisiert am 20. Juni 1791 jene mißglückte Flucht nach Deutschland, mit der der König seine letzte politische Chance verspielt.

Wir haben alle in der Schule gelernt, daß die königliche Familie auf ihrer heimlichen Flucht durch ein unerhörtes Pech kurz vor der Grenze im lothringischen Dörflein Varennes erkannt und zur Rückkehr nach Paris gezwungen wurde. Das ist nicht wahr. Es ist kein unerhörtes Pech, es ist vielmehr ein unerhörtes Wunder, daß die königliche Familie überhaupt bis nach Lothringen kommt.

Denn Marie-Antoinette ist von der wahnsinnigen Idee besessen, daß die königlichen Majestäten von Frankreich, wenn sie schon heimlich fliehen, dann auf jeden Fall standesgemäß fliehen müssen. Vor allem dürfen sie nicht in einer kleinen, unauffälligen Kutsche fliehen, wie das der Bruder des Königs, der Duc de Provence, soeben erfolgreich getan hat. Das Fluchtgefährt muß ein königliches Fluchtgefährt sein. Extra wird deshalb eine sensationelle Luxuskutsche von enormen Ausmaßen gebaut, die nebst den fünf Mitgliedern der königlichen Familie auch noch sieben Diener fassen kann: ein eigentliches Schiff auf Rädern, das nur zwölf Pferde mit Mühe zu ziehen vermögen. Es enthält eine königliche Speisekammer, einen Weinkeller, eine riesige Garderobe sowie zwei Louis-XVI.-Luxusklosetts. Denn selbst auf der Flucht ist es undenkbar, daß der König von Frankreich sein Geschäftchen am Straßenrand verrichtet.

Es ist wirklich ein bares Wunder, daß erst in Lothringen jemand auf die Idee kommt, ein bißchen nachzuschauen, wer da eigentlich in dem ungeheuren Omnibus drinsteckt.

Es wird behauptet, daß König Ludwig XVI. und seine Familie nach ihrer Verhaftung am 13. August 1792 im Gefängnis grausam verspottet und gequält wurden, daß sie hungernd und frierend darben mußten.

Das ist nicht wahr. Gefroren hat die königliche Familie um so weniger, als Marie-Antoinette noch im Gefängnis und auf Kosten der revolutionären Republik ständig mindestens dreißig Schneiderinnen beschäftigt. Gehungert hat sie auch nicht. Hier der Speisezettel für die fünf königlichen Personen an einem beliebigen Werktag im Gefängnis:

Zum Frühstück gibt es sieben Tassen Kaffee, sechs Tassen Kakao, einen Krug warme Milch, einen Krug kalte Milch, einen Krug Sahne, einen Krug Sirup, einen Krug Limonade, einen Krug Gerstensaft, drei Brote und einen Korb Früchte.

Zum Mittagessen gibt es drei verschiedene Suppen, vier verschiedene Vorspeisen, sechs Braten und vier Platten Gemüse. Zum Dessert wird eine Kuchenplatte gereicht, drei Schüsseln Kompott, drei Schalen Früchte, eine Flasche Champagner, eine Flasche Malvasier, eine Flasche Porto. Zum Abschluß Kaffee mit Schlagsahne.

Das Abendessen ist fast so umfangreich wie das Mittagessen, nur verzichten die königlichen Häftlinge auf den Kaffee, um besser schlafen zu können.

Zu gleicher Zeit vegetiert der weitaus größte Teil des französischen Volkes in jenem unbeschreiblichen Elend, das Jahrhunderte der königlichen Mißwirtschaft über das Land gebracht haben. In vielen Provinzen herrscht Hungersnot. Aber ganz Europa weint nichts als Tränen der Rührung über die so schrecklich darbende königliche Familie im Gefängnis des Temple zu Paris.

19. Stück

Die literarische Revolution von Stäfa

Worin wir lernen,
uns des Lebens zu freuen

Wanderer, kommst du nach Zürich, so wandere am rechten Ufer des Zürichsees durch jene Weinberge, die Klopstock lieblich besungen hat. Und wenn du dann auf halbem Weg zwischen Zürich und Rapperswil durch das verträumte Dörfchen Stäfa kommst, so wirf auch einen Blick in jenen Kastanienhain, der sich lauschig zwischen die Weinberge und das Seeufer schmiegt. Erschrick nicht: Mitten in diesem Kastanienhain steht etwas, was überhaupt nicht in die Landschaft paßt: nicht zu Klopstock, nicht zu Zürich und nicht zum Zürichsee. Das ist die bronzene Figur eines völlig verzweifelten Menschen, der seine in Ketten geschmiedeten Hände anklagend zum Himmel reckt. Wer ist dieser tragische Mensch am Zürichsee? Das ist mein Ururururgroßvater.

Wir sind im Jahre 1793. Drüben in Frankreich hat seit vier Jahren die Revolution das Unterste zuoberst gekehrt. Soeben ist König Ludwig XVI. geköpft worden. Das alles müßte eigentlich auch die Schweiz ein bißchen durcheinanderbringen, denn kein Land in Europa ist mit Frankreich so eng verbunden wie die

Schweiz. Zum Beispiel geht fast der ganze schweizerische Handel nach Frankreich, das meiste schweizerische Kapital ist in Frankreich investiert, und es ist gar kein Zufall, daß Ludwig XVI. einen Augenblick lang versucht hat, sich seine Staatsfinanzen durch einen Schweizer, Finanzminister Necker, sanieren zu lassen. Da müßte doch jetzt der französische Staatsbankrott auf die Schweiz zurückwirken. Oder nicht?
Eigentlich schon. Denn die politischen Verhältnisse sind in der Schweiz noch ein ganzes Stück rückständiger als in Frankreich. Mit Ausnahme von Genf ist zum Beispiel die ganze französische und italienische Schweiz ein «Untertanengebiet», eine Kolonie der deutschen Schweiz. Aber auch innerhalb der deutschen Schweiz ist die politische Ungleichheit kraß: In den meisten Staaten, zum Beispiel in Zürich und in Bern, ist die Landbevölkerung gegenüber der Stadtbevölkerung rechtlos. In den Städten wiederum tanzt alles nach der Pfeife einiger weniger «regimentsfähiger Familien». In den Urkantonen, wo es keine Städte gibt, herrscht eine eigenartige Form der Plutokratie: Zwei oder drei reiche Bauern, manchmal ein einziger reicher Bauer, beherrschen den ganzen Kanton. Da waren doch eigentlich alle Bedingungen dafür gegeben, daß jetzt auf die Französische Revolution die Schweizerische Revolution folgt.
Die Bedingungen sind zwar gegeben. Aber trotzdem findet die Schweizerische Revolution nicht statt. Und

das aus einem Grund, der so banal ist, daß ihn die meisten Historiker übersehen: Der Mensch hat nämlich einen Willen. Die Schweizer wollen einfach nicht. Sie wollen keine Revolution. Sie wollen schon gar keine Revolution, die aus dem Ausland kommt. Mag die Idylle rückständig und ungerecht sein, sie wollen die Idylle lieber als die Revolution. Einem ganzen Volk aus der Seele gesprochen ist das Lied, das in diesen Tagen in Zürich Johann Martin Usteri schreibt. Es ist das Anti-Revolutions-Lied, das Lied, das dem französischen Willen zum Neuen und zum Risiko den schweizerischen Willen zur Idylle entgegenhält: «Freut euch des Lebens.»

Die Tragödie meines Urururururgroßvaters beginnt damit, daß er im Jahre 1793 so ziemlich der einzige Mensch im ganzen Kanton Zürich ist, der dieses Lied nicht mitsingt. Er singt überhaupt nicht. Vielmehr tut er etwas, was zu jener Zeit kein anständiger Mensch tut: Er liest. Nicht Klopstock, sondern Voltaire.

Schlimmer noch: Er stiftet andere zum Lesen an. In dem lieblichen Dörfchen Stäfa am Zürichsee gründet er eine «Lesegesellschaft». Und diese Lesegesellschaft liest nicht auf deutsch, sondern auf französisch. Lauter staatsgefährdende Literatur liest sie. Sie liest Voltaire, Montesquieu, Diderot und Rousseau.

Je mehr die Lesegesellschaft in Stäfa liest, desto wirrer wird's ihr im Kopf. 1795 hat sie den Sinn für die Realitäten der schweizerischen Politik vollständig verloren.

Sie verfaßt ein Flugblatt, in dem sie die politische Gleichberechtigung der Landbevölkerung mit der Stadtbevölkerung im Kanton Zürich fordert.
Dieses Flugblatt der Lesegesellschaft von Stäfa versetzt die Gnädigen Herren von Zürich in solche Erregung, daß sie folgende Proklamation erlassen: «Wir die verordneten Kriegsräthe der Stadt und Republick Zürich tun kund hiermit: daß einige wenige sich durch unglückliche Verblendung haben verleiten lassen, sich in höchstgefährliche Verbindungen einzulassen: deshalb sehen unsere Gnädigen Herrn und Oberen sich genöthiget, einen Theil unserer wakeren Landmiliz unter die Waffen zu stellen, um das Obrigkeitliche Ansehen und den schuldigen Gehorsam kräftigst wiederherzustellen.»
Diesen Worten lassen die Gnädigen Herren von Zürich auch unverzüglich Taten folgen: siebzehnhundert Mann «wakere Landmiliz» marschieren auf Stäfa, verhaften die wehrlose Lesegesellschaft und beschlagnahmen die Werke Voltaires. Den Rädelsführer aber, meinen Ururururgroßvater, verurteilen die Gnädigen Herren von Zürich als «neuerungssüchtigen und unseligen Schwindelgeist» zur Hinrichtung durch das Schwert.
An einem nebligen Herbsttag 1795 haben sie ihn im Schinderkarren vor die Tore der Stadt Zürich hinausgefahren. Er trägt ein weißes Hemd. Hinter ihm der Henker, links und rechts zwei protestantische Geistli-

che, die ihm zur rechten Vorbereitung auf sein letztes Stündlein statt aus den Werken Voltaires aus der Zwingli-Bibel vorlesen. Dann kniet er nieder und legt den Kopf auf den Block.
Der versammelten Bevölkerung von Stadt und Land fährt der Schauer der politischen Erbauung durch alle Glieder, als der Henker von Zürich sein großes Schwert niedersausen läßt. – – – Fassungslos greift mein Urururururgroßvater nach seinem Kopf. Dann kratzt er sich, so vorsichtig als möglich, hinterm Ohr. Zum Schluß kratzt er sich am Hals. Kein Zweifel, der Kopf sitzt immer noch. Der Henker hat das Schwert nämlich am Kopf des Verurteilten vorbei in die Erde sausen lassen. Und einer der beiden Geistlichen erklärt dem versammelten Volk, die Gnädigen Herren von Zürich hätten noch einmal Gnade vor Recht ergehen lassen und den Rädelsführer der Lesegesellschaft von Stäfa begnadigt zur Scheinhinrichtung mit anschließend lebenslänglichem Zuchthaus.
Einen Augenblick lang schweigt das Volk von Zürich betroffen über soviel Gnade. Dann klingt es tausendfach aus allen Kehlen:

«Wer Leid und Mißgunst sorgsam flieht,
Genügsamkeit im Gärtchen zieht,
dem schießt sie bald zum Bäumchen auf,
das gold'ne Früchte bringt.
Freut euch des Lebens...»

20. Stück

Francis Drake hinter einem Kaktus in Panama

Worin wir gar nichts lernen

Glühend brennt die Mittagssonne auf die kleine Hafenstadt von Vera Cruz. Wir sind in Mexiko im Jahre 1567.

Selbst drunten, in den sonst so lärmigen Tavernen am Hafen, ist der Friede mittäglicher Erschöpfung eingekehrt. Nur droben, vor dem Palast des spanischen Gouverneurs, blinzelt müde eine Wache. Kinder, Weiber, Hunde – alles schläft. Und in dem weißgetünchten Dominikanerkloster haben sich auch die sonst so wachsamen Väter von der allgegenwärtigen Heiligen Inquisition zurückgezogen zur wohlverdienten Siesta.

Da, mit einem Mal, gellt ein Schrei des Entsetzens durch die friedlich verschlafene Stadt: «Los Luteranos! Los Luteranos!» Die Protestanten kommen! Die Protestanten!

Einen Augenblick später wimmelt es in allen Gassen von Vera Cruz von panisch verschreckten Menschen. Weiber, Kinder, Hunde – alles flieht zum Tor hinaus in die Berge. Die Wache rüttelt den spanischen Gouverneur aus dem Bett. Und drüben am Dominikaner-

kloster schiebt sich aus jeder Schießscharte ein Gewehr der Heiligen Inquisition.
Was ist passiert? Draußen vor dem Hafen ist eine kleine Flotte von bewaffneten Handelsschiffen aufgetaucht. Das ist an sich etwas ganz Normales. Nur eines ist nicht normal: die Schiffe tragen alle auf dem mittleren Segel zwei Buchstaben, die jeder katholischen Seele im 16. Jahrhundert den Schauder über den Rükken jagen: E. R. – Elisabeth Regina; Elisabeth, Königin von England.
Inzwischen ist der spanische Gouverneur von Vera Cruz aufgewacht und hat die Lage überdacht. Mit seinen paar Kanonen und Soldaten kann er nicht viel ausrichten gegen die Schiffe Ihrer protestantischen Majestät. Infolgedessen entschließt er sich zum ökumenischen Dialog. Und es zeigt sich im Gespräch, daß die Engländer gar nichts Unchristliches wollen. Sie haben nur, gefesselt in den unteren Verschlägen ihrer Schiffe, ein paar hundert Negerheiden, die sie gern als Sklaven an die Katholiken verkaufen möchten. Man feilscht ein bißchen, man einigt sich schließlich auf fünftausend Goldmünzen, und am folgenden Morgen treiben Katholiken und Protestanten die gefesselten Negerheiden gemeinsam auf die nahegelegenen Plantagen.
Und wieder steht die heiße Mittagssonne Mexikos im Zenith über dem Hafen von Vera Cruz. Die Spanier haben sich zur Siesta zurückgezogen, die Neger malo-

chen in den Plantagen und die Engländer trinken Tee. Nichts scheint den tropischen Frieden zwischen den Völkern und Konfessionen mehr stören zu können.
Da, mit einem Mal, gellt ein Schrei des Entsetzens durch den Hafen. Ein Schrei aus dem Mastkorb des britischen Flaggschiffes, das den treu lutheranischen Namen «Jesus of Lubeke» – «Jesus von Lübeck» trägt: «The Popists! The Popists!» Die Papisten kommen! Die Papisten!
Was ist jetzt schon wieder passiert? Vierundzwanzig Stunden nach den Engländern taucht eine zweite Flotte vor dem Hafen von Vera Cruz auf. Eine gewaltige Kriegsflotte ist es diesmal. Es ist die Silberflotte Seiner katholischen Majestät König Philipps II. von Spanien. Sein Name genügt, um jeder protestantischen Seele des 16. Jahrhunderts den Schauder über den Rücken zu jagen.
Und es macht die Silberflotte Philipps II. in der Tat kurzen Prozeß mit den paar englischen Schiffen. «Jesus von Lübeck» wird gekapert, ein paar kleinere englische Schiffe gehen unter, die meisten Engländer werden gefangen genommen. Ab geht es mit ihnen ins Dominikanerkloster.
Nun gehört es zu den Gewohnheiten der Heiligen Inquisition, über alles, was sie tut, genau Buchhaltung zu führen. Wir wissen deshalb Bescheid über das Schicksal der englischen Seeleute in Vera Cruz. Unter den Daumenschrauben und Brenneisen der Inquisi-

tion äußern fast alle sehr schnell den innigen Wunsch, katholisch zu werden. *Sie* kommen mit milden Strafen davon: zweihundert Peitschenhiebe, sechs Jahre Galeere und für den Rest des Lebens die Auflage, ein gelbes Büßerhemd zu tragen.
Schwieriger ist der Fall zweier Engländer, die bei allen väterlichen Aufforderungen zur Bekehrung einfach den Kopf schütteln. Da kann das hohe Kirchengericht von Vera Cruz nicht anders als die beiden zuerst erdrosseln und dann verbrennen.
Bleibt ein letzter Fall. Das ist ein britischer Matrose, der sich den Dominikanern von Vera Cruz nicht bloß schweigend widersetzt, sondern ihnen frech jene unübersetzbare Beschimpfung entgegenschleudert, die heute noch der Schlachtruf militanter britischer Protestanten ist: «Fuck the Pope! Fuck the Pope!»
Das ist eine derart schauderbare Blasphemie, daß sich die Heilige Inquisition von Mexiko wegen besonderer Schwere des Falles für inkompetent erklärt und den protestantischen Frevler per Schiff an die Spanische Inquisition überweist. Auf dem Marktplatz von Sevilla wird er unter dem Jubel einer unübersehbaren Menge feierlich bei lebendigem Leibe verbrannt werden.
Es ist jetzt Zeit zu berichten, daß gar nicht alle Engländer in spanische Hände gefallen sind. *Ein* englisches Schiff, die «Minion», ist entkommen. Und auf diesem Schiff befindet sich ein junger Seemann, dem die Nie-

derlage von Vera Cruz zum entscheidenden Erlebnis wird. Bei Martin Luther und Johannes Calvin tut er den heiligen Schwur, sein ganzes Leben dem Kampf gegen Spanien, gegen die Katholiken zu weihen. Der junge Mann heißt Francis Drake.
Wie alt Francis Drake zu diesem Zeitpunkt ist, wissen wir nicht. Denn er ist ein Mann von niedriger Herkunft, und das 16. Jahrhundert ist der Ansicht, daß es sich nur bei Adeligen lohne, das genaue Geburtsdatum festzuhalten. Wahrscheinlich ist er anfangs zwanzig. Und ehrgeizig ist er: Nicht nur in der Frömmigkeit, sondern auch im Leben möchte er es zu etwas bringen. Wie läßt sich beides miteinander verbinden? Ganz einfach: durch die heilige protestantische Seeräuberei.
Man bedenke: Spanien beherrscht die Ozeane, Spanien beherrscht die Neue Welt. Sämtliche katholischen Armeen in Europa werden finanziert durch das Silber und das Gold, das Spaniens Schiffe aus Amerika herübertragen. Am 24. Mai 1572 segelt Francis Drake an der Spitze einer ganzen Seeräuberflotte aus dem Hafen von Plymouth ab: die Seele voll Gier nach Rache am katholischen Antichrist, das Herz voll Gier nach Gold.
Mitternacht, die Geisterstunde. Nombre de Dios, der spanische Silberhafen in Mittelamerika, liegt im Frieden des Herrn. Weiber, Kinder, Katzen, Hunde, selbst die königliche Wache – alles schläft. Nur aus

dem Dominikanerkloster dringt Fackelschein und der mitternächtliche Gesang der Väter von der Heiligen Inquisition: «Beatus vir qui non abiit in consilio impiorum et in via peccatorum non stetit – Selig der Mann, der die Gesellschaft der Frevler meidet und auf den Wegen der Sünde nicht wandelt.»

Plötzlich gellt, uns bereits bekannt, ein Schrei des Entsetzens durch den mitternächtlichen Frieden: «Los Luteranos! Los Luteranos!» Die Frevler, die Sünder sind da! In Sekundenschnelle hat der protestantische Seeräuberhaufen die Garde vor dem spanischen Schatzhaus überwältigt. «Schnell eine Fackel!» schreit Francis Drake. Dann steht er in dem riesigen Gewölbe, geblendet von Silber und Gold. Vor ihm liegen alle Schätze Westindiens. Er braucht nur zuzugreifen und er ist der reichste Mann der Welt. Er braucht das alles nur noch auf seine Schiffe zu verladen, und im Palast zu Madrid, im Vatikan zu Rom wird nichts mehr sein als biblisches Heulen und Zähneklappern.

In diesem Augenblick geschieht etwas ganz Blödes. Es fängt an zu regnen. Und es ist ein tropischer Platzregen, was da zur Mitternacht über Nombre de Dios niedergeht. Im Nu ist das Pulver der Seeräuber vor dem Schatzhaus naß. Sie sind praktisch entwaffnet. Panik ergreift sie. In wildem Durcheinander fliehen sie auf ihre Schiffe zurück. Als letzter klettert, bleich vor Wut, Francis Drake an Bord. Er humpelt. Er hat

von hinten einen Schuß ins Bein gekriegt. Und er kann froh sein, daß er im Schutze der Nacht aus dem Hafen entkommt.
Wir dürfen annehmen, daß Francis Drake die folgenden Tage mit drei Dingen verbringt: erstens sein Bein zu verbinden, zweitens sich zu fragen, ob der liebe Gott nicht doch katholisch sei, und drittens einen neuen Plan zu fassen.
Der sieht so aus: Das Gold und Silber im Schatzhaus von Nombre de Dios kommt aus Peru. Mit einer endlosen Maultierkarawane bringt es der Schatzmeister von Lima regelmäßig durchs Gebirge. Es ist ein ganz schmaler Pfad und Hunderte von Meilen lang. Was liegt näher, als sich einfach irgendwo am Rande dieses Pfades hinter einem großen Kaktus niederzulassen und auf die Goldkarawane zu warten?
Der Plan ist kaum gefaßt, da taucht ein Kriegsschiff vor der englischen Seeräuberflotte auf. Aber komisch: es ist kein spanisches, sondern ein französisches Schiff. Aus konfessionellen Gründen will Francis Drake es trotzdem in Grund und Boden schießen, da stellt sich im letzten Augenblick heraus, daß die Franzosen Protestanten sind. Kapitän La Testu ist ihr Chef, ein Hugenotte, der eben mit knapper Not dem Massaker der Bartholomäusnacht entkommen ist. Und auch er hat geschworen, sich für den Rest seines Lebens durch die heilige protestantische Seeräuberei am Katholizismus zu rächen.

Das ist der ideale Geschäftspartner für Francis Drake. Gemeinsam verstecken die beiden ihre Schiffe in einer abgelegenen Bucht an der Küste von Panama. Gemeinsam überhäufen sie den örtlichen Indianerstamm mit Glasperlen und Ohrringen. Und dann geht es, traptraptrap, hinter den Rothäuten her hinauf ins Gebirge, zum Maultierpfad von Lima nach Nombre de Dios: «Durch diese hohle Gasse muß er kommen.»

Mitternacht, die Geisterstunde. Unter dem katholischen Sternenhimmel von Panama lauern zwei protestantische Räuberbanden am Wegesrand, zuvorderst Monsieur La Testu und Mister Drake, wohlversteckt, ich sagte es schon, hinter einem großen Kaktus. Dann ein fernes Hufgetrappel. Dann, im sanften Mondenschein, eine unabsehbare Kolonne von Eselsohren. Dann, hinter dem Kaktus hervor, das Blitzen einer Gewehrmündung, und aus Hunderten von spanischen Kehlen der Schrei des Entsetzens: «Los Luteranos!»

Das Gemetzel ist kurz. Den meisten Spaniern, auch dem Schatzmeister, gelingt die Flucht rückwärts Richtung Lima. Zurück bleiben ein paar hundert Maulesel, die verstört durch die Kakteen irren. Und ihre Fracht: fünfzehn Tonnen Gold und Silber sind in protestantische Hand gefallen.

Der Abtransport dieser Herrlichkeiten hinab zur Küste ist ein bißchen schwierig. So mancher Silbersack, so mancher Goldbarren bleibt in dem Kaktusgestrüpp hängen. Das macht aber nichts. Denn zum Glück ist Monsieur La Testu bei dem nächtlichen Gemetzel umgekommen. Francis Drake braucht also nicht zu teilen. Und mit gewaltigem Tiefgang segelt die englische Räuberflotte aus ihrem Versteck.

Es ist jetzt Zeit heimzukehren. Zwei Drittel der Mannschaft von Francis Drake sind schon an Fieber gestorben, von mexikanischen Messern erdolcht worden oder der Heiligen Inquisition in die Hände gefallen. Am 9. August 1573 segelt Francis Drake in den Hafen von Plymouth ein.

Es ist Sonntagmorgen. Die streng protestantische Stadt scheint menschenleer; Männer, Kinder, Weiber, Hunde – alles ist sittsam bei der Predigt. Da, ein Ruf durch alle Gassen: «Francis Drake ist da! Francis Drake ist zurück!» Und es mögen die Pastoren wettern wie sie wollen: Im Nu sind alle Kirchen leer. Ganz Plymouth stürzt zum Hafen. Alle wollen ihn sehen: Francis Drake, ihn und seine Schiffe voll Silber und Gold.

Königin Elisabeth wird ihn empfangen. Sir Francis Drake wird er heißen. Als oberster Seeräuber vom Dienste Ihrer Graziösen Majestät wird er auf allen katholischen Ozeanen Angst und Schrecken verbreiten. Und wo er landet mit seiner Räuberflotte: an den Küsten Portugals und Galiziens, auf den Karibischen In-

seln, in den Häfen Brasiliens und Chiles, ja bis hinauf nach San Francisco, da heißt es jetzt schon nicht mehr «Los Luteranos!»; da gellt ein ganz neuer spanischer Schreckensruf: «El draque!» – «Der Drachen kommt! Sir Francis Drake!» Und noch Jahrhunderte nach seinem Tod am 28. Januar 1596 werden ihn die Schulbücher, jedenfalls in protestantischen Landen, feiern als den größten Seeräuber aller Zeiten.
Aber lassen wir das. Bleiben wir an diesem Sonntagmorgen im August 1573 im Hafen von Plymouth. Schauen wir zu, wie Francis Drake mit einem lässigen Sprung an Land geht. Wie Tausende ihn begeistert umringen. Wie er lacht, wie er erzählt. Wie ihn die Menge jubelnd auf die Schultern hebt. Und wie er angibt, wie er aufschneidet, daß sich in den Hafenkneipen von Plymouth die Balken biegen.

«Denn Schönres gibt es auf der Erde nicht
Als ersten Ruhmes zartes Morgenlicht.»